폐원일기

서울백병원 마지막
교수협의회장의
폐원 저지 150일 분투기

들어가는 글

우연히 들어선 길

　나는 우연을 믿는다. 내가 계획하지 않은 어떤 우연한 일이 일어나면 이 일이 내 앞에서 일어난 이유에 대해 고민한다. 우연 속에서 의미를 찾으려 노력한다. 그리고는 조심스럽게 우연을 따라가 본다. 그 우연한 일로 인해 인생의 길이 갈리기도 한다.

　내가 서울백병원 교수협의회장으로 선출된 것은 5월 18일이었다. 서울백병원 폐원안을 학교법인 인제학원(이하 법인) 이사회에 상정하기로 결정한 서울백병원 경영정상화 Task Force Team(이하 TFT) 회의 약 2주 전이었다. 맡고 싶어 맡은 것이 아니었다. 발을 빼지 못해 맡았을 뿐이었다. 교수협의회장으로 선출된 이후에도 신임 총무를 비롯한 운영위원 선임도 미룬 채 교수협의회 업무를 방치하고 있었다. 다른 교수들에게 운영진을 맡아달라고 부탁하기도 미안했고, 특별히 급한 일도 없었다. 차분히 운영진을 구성하고, 언제 교수 전체 회식이나 한번 해야지 하고 생각하고 있었다. 5월 31일에 열린 TFT 회의 이후 모든 것이 바뀌었다.

　6월 1일 오후에 부원장으로부터 전화가 왔다. 어제 있었던 TFT 회의 결과를 말해주면서 법인에서 8월 말까지 폐원 절차를 완료하고, 폐원 후 전 직원을 부산 지역 병원으로 발령을 내려고 하는 것 같다는 말을 흘렸다. 정상적으로 운영하고 있는 병원을 석 달 안에 문을 닫을 수 있다는 것도, 교직원 동의 없이 일방적으로 생활권이 다른 지역으로 발령 낼 수 있다는 것도 믿을 수 없었다. 그런데, 그 말은 모두 사실인 것으로 드러났다.

  6월 2일 오후에 병원장이 기획실을 통해 모든 교직원에게 메일을 보냈다. TFT 위원 과반수의 동의로 서울백병원 폐원안을 이사회에 상정하게 되었지만, 자신은 병원장으로서 이사회에서 서울백병원 유지 결정이 이뤄지도록 최선을 다해 노력하겠다고 밝혔다. 서울백병원 폐원 철회를 위해 본인이 어떤 노력을 할 것인지, 폐원 저지를 위해 교직원들은 합력해서 무엇을 해야 할지에 대한 구체적인 내용은 없었다. 이 메일을 받은 교직원들은 혹여 이 말이 새어 나가면 병원을 찾는 환자들에게 영향이 갈까 봐 속으로만 끙끙댔다. 그런데 주말이 지난 6월 5일 아침부터 미리 준비되었다는 듯이 서울백병원 폐원 관련 기사가 터져 나오기 시작했다. 정말 뭐라도 해야 하는 상황이 되었다. 급하게 교수협의회 운영진을 구성하여 공지하고, 6월 7일 긴급회의를 소집했다. 그리고는 평소와는 다른 시간이 흘러갔다.

  난생처음으로 성명서를 작성하여 대자보를 붙였다.
  난생처음으로 기자들을 초청하여 기자간담회를 열었다.
  난생처음으로 TV 뉴스 프로그램에 초대되어 출연했다.
  난생처음으로 노사간담회에 참석했다.
  난생처음으로 지역 국회의원을 만나 도움을 요청했다.
  난생처음으로 국회 소통관에서 기자회견을 했다.

  서울백병원 폐원 저지를 위해 우리는 우리가 할 수 있는 최선의 노력을 다했다. 그러나 6월 20일 법인 이사회에서는 보란듯이 만장일치로 서울백병원 폐원을 의결했다. 나는 정말 이런 결과를 예상하지 못했다. 나는 정말 이사회에서 폐원 유보 결정을 내릴 것으로 기대했다. 당일 오전에 서울시에서는 서울백병원 부지를 의료시설로만 쓸 수 있도록 용도를 한정하는 방안을 추진하겠다고 밝혔었다. 나는 이사회가 서울시 의견은 들을 것으로 생각했다. 그러나 나의 예측은 모두 빗나갔다.

나는 지금 제일 앞에 서 있다. 제일 앞에 서서 법인과 맞서고 있다. 앞에 있고 싶어서 앞에 있는 것은 아니다. 어쩌다 보니 앞에 있게 됐다. 내가 의도하지 않은 일이라 하여 내 앞에 놓여 있는 책임과 의무로부터 도망가고 싶은 생각은 없다. 나에게 맡겨진 소임에 최선을 다할 것이다. 우연히 들어선 이 길을 끝까지 따라가 볼 것이다.

오랜 시간이 흘러 이곳에서 일하던 교직원들도 모두 흩어지고, 병원 건물도 사라지고 나면 사람들은 83년 역사의 서울백병원이 만성적인 경영난을 이기지 못하고 결국 문을 닫았다는 법인의 주장만을 기억할 뿐, 이곳에서 실제 어떤 일이 일어났었는지, 당시 교직원들은 어떤 목소리를 냈었는지는 전혀 기억하지 못할지도 모른다. 그렇게 된다면 이곳에서 청춘을 바쳐 일하고, 폐원 저지를 위해 목소리를 높였던 한 사람으로서 너무나 슬플 것 같다. 누군가는 이곳에서 있었던 일들을 기록으로 남겨놓아야 한다. 이사회에서 서울백병원 폐원을 의결한 6월 20일 밤, 나는 일기를 쓰기 시작했다. 일명 '폐원일기'를.

2023년 10월
서울백병원 마지막 교수협의회장 **조영규**

차례

02 들어가는 글

1부 / 폐원 의결

14 쉬운 위로
15 그냥 왔다
16 책임의 무게
17 부산에서 걸려 온 전화
19 상식 밖의 폐원 결정
21 피해 최소화 대책없는 폐원, 인정 할 수 없다
25 백인제 박사님의 당부
26 공조, 그 어려움
27 서운한 감정
28 자격지심
30 비전임 교원 이탈
32 부원장 사퇴
34 나 지금 되게 신나!
36 침울한 날
37 믿고 싶다
39 책임을 진다는 건 무엇인가?
40 COMING SOON, 서울백병원이 새로워집니다
41 이번 역은 금정

2부 / 진료 종료 통보

44 진료 종료 통보
46 병원장별 의료적자 규모
47 눈물, 또다시 눈물
48 무거운 발걸음, 라오스 의료봉사
50 전 직원 부산 발령
51 자기 자리를 지켜달라
53 꺾이지 않는 마음
54 속도위반 통지서
56 검진 종료 결정
57 우린 정말 열심히 일했다
59 교수협의회 요구사항
61 싸우지 않으면 이미 패배한 것
62 부탁의 글
63 병원은 현재 정상 진료 중
65 수도권 병원은 보기에 없다
67 교수님은 어디로 가세요?
68 강제 삭제
69 진료 종료 일정 안내 문자는 누가?

차례

3부 / 가처분 신청

- 72 드디어 가처분 신청
- 73 거꾸로 생각하기
- 74 그때 왜 우리는 주저했을까?
- 76 신경외과 의사를 내보낸 이유
- 78 상처 주는 말, 상처받는 나
- 79 어느새 8월
- 81 최후의 반란
- 82 절실함, 더욱 절실함
- 87 가족 외식
- 88 병원 생각만 난다
- 89 〈말 달리자〉를 부를 때처럼
- 91 진료의뢰서 한 장에 담긴 세월
- 92 저는 어떡해야 하는 거죠?
- 93 하나님과의 협업
- 94 법인의 태도 변화
- 96 광주에서 온 문자
- 99 애매한 상태를 견디는 능력
- 101 어떻게든 힘을 낸다

4부 / 법원 심문

104　법원은 처음이라
105　소송 쟁점 브리핑
107　수련병원 지위 상실
108　아빠의 초록빛과 사랑
110　마지막 명함
111　딜레마
113　경선 1위는 인제대 총장이 될 수 없나요?
115　검진기관 지정취소 신청
116　슬픔+슬픔=?
117　일산백병원 신입 간호사 모집
119　전임 교원 대상 간담회
123　진료 종료 전 마지막 주말
125　10년 후 나는
127　다른 병원들도 경영이 어렵다면서
129　퇴원 승낙서
130　전보 발령에 대한 대응 지침
133　길, 그런데 봄길
135　옷장 속 희망 하나

차례

5부 / 진료 강제 종료

- 138   달콤한 노래, 달콤한 말
- 139   서울백병원 진료 강제 종료
- 141   똑같은 시간에
- 142   익숙한 것과의 결별
- 144   그 귀한 마음
- 145   소 취하고 오면
- 146   자진 퇴사 당했다
- 148   거리 유지
- 149   지난 17년을 버렸다
- 151   외부회의
- 152   공간과도 이별
- 154   부산백병원 발령 예정
- 157   먼지 자욱한 연구실
- 158   아내의 한숨 소리
- 160   발전기금 반환 요청
- 162   기사 검색
- 164   아니,
- 165   특별한 시간

6부 / 기억

168   막판
169   부산백병원 근무 결심
171   각자도생
172   미안한 마음뿐
174   기록 또는 기억
175   비전 없는 인력 감축의 결과
176   본색 또는 진가
177   마지막 출근
179   병원에 있는 사람들
180   오랜 동료들을 기억하며
181   검진 편애
183   OnGod 건강뉴스 읽어주기
185   임상연구 계속 진행할 수 있어요?
188   대자보 1
191   서신
194   대자보 2
198   Q&A
207   대자보 3
210   나가는 글

폐원일기

서울백병원 마지막 교수협의회장의
폐원 저지 150일 분투기

| 폐원 의결 |

1부

쉬운 위로

최선을 다했으면 됐어.
네 잘못이 아니야.
너무나 쉬운 위로

그 위로를 받지 못해
고개를 떨군 채
주르륵 흘러내린 눈물

답은 진작 정해져 있었어.
네가 어떻게 할 수 있는 게 아니야.
너무나 무책임한 말들

그 말을 납득하지 못해
고개를 돌린 채
굳게 다문 입술

힘들어요.
감당할 수 있을까요?
신이 있다면 지금 나서주세요.

〈2023.6.20.〉

그냥 왔다

환자가 왔다.
어젯밤에 폐원 관련 뉴스를 보고 많이 울었다고 했다.
예약일도 아닌데 그냥 왔다고 했다.
내 얼굴 한번 보고 싶어서 왔다고 했다.

온 김에 약이나 받아 가라고 했다.
언제 문 닫을지 모르니
미리 충분히 받아놓으라고 했다.

나갔다 다시 온 환자는
빵을 한가득 사 왔다.
뭐라 말할 틈도 없이 도망치듯 나갔다.

뭐라도 사주고 싶은 그 마음
김영란법도 막지 못한 그 마음
다음 예약일에 다시 뵐 수 있을까?

〈2023.6.21.〉

책임의 무게

나는 뭘 잘 모른다.
그래서 앞에 서 있다.

뭘 아는 사람들은
다들 뒤로 물러서 있다.

부당한 일에 분노를 느끼는 것과
힘들어하는 이들을 보며 연민을 느끼는 것과
책임을 지는 것은 별개의 문제다.

앞장섰을 때 져야 할 책임의 무게를 알기에
아무도 앞에 나서지 않는다.

내뱉은 말로 인해 져야 할 책임의 무게를 알기에
자신의 입으로는 말하지 않는다.

나는 이미 앞장서서 너무 많은 말을 했고,
져야 할 책임이 머리를 짓누르고 있다.

나는 뭘 몰랐다.
그래서 앞에 서 있다.
책임질 능력도 없으면서.

〈2023. 6. 22.〉

부산에서 걸려 온 전화

부산백병원에서 전화가 왔다.
앞으로 어떻게 할 계획인지 물었다.
폐원을 전제로 한 질문이었다.

병원이 아직 문 닫은 것도 아닌데
가을까지 검진 예약이 잡혀 있는데
뭐라 대답하기 곤란했다.

부산백병원의 모든 가정의학과 교수들은
내가 부산백병원으로 와 주기를 바라고 있다고 했다.
폐원을 전제로 한 기대였다.

고마운 제안이었다.
폐원 후 떠내려올지도 모르는 교수,
반갑지만은 않을 텐데
먼저 전화를 주시는 정다움이 고마웠다.

병원이 아직 문 닫은 것도 아닌데
교수협의회장으로 지금까지 한 말이 있는데
중간에 도망칠 수는 없다.

이곳 일들이 아직 정리되지 않아
추후 계획을 정하기 어렵다며
병원 일들이 정리되면 연락드리겠다고
양해를 구했다.

법인에서는 어느 병원으로 보낼지 밝히고 있지 않지만
물밑에서는 무언가 진행되고 있는 듯하다.
전원 부산 발령인가?

〈2023.6.23.〉

상식 밖의 폐원 결정

　나는 정말 법인 이사회에서 폐원 유보 결정이 나올 줄 알았다. 이렇게까지 강경하게 폐원을 강행할 줄은 몰랐다. 폐원을 의결하는 것은 손에 피를 묻히는 일이다. 사회적으로 지탄 받을 수도 있는 일이다. 자신들 손에 피를 묻히면서까지 병원 문을 닫으려 하진 않을 거라 생각했다.

　그동안 법인에서는 병원에 엄청난 구조조정을 단행했다. 전공의 수련을 포기하고, 응급의료센터를 축소하고, 필수 의료진마저 전출시켰다. 상식적으로 납득하기 어려운 조치였다. 모두 다 폐원을 염두에 둔 조치였다. 이 병원에서 할 수 있는 것이 없어 지치고 지친 의료진들은 자진해서 퇴사했다. 인력을 줄이고 줄이다 너무 줄여 서울백병원은 대학병원의 기능을 거의 상실할 지경에 이르렀다. 그럼에도 불구하고 병원의 형태를 유지할 수 있었던 것은 남아 있는 의료진들의 헌신과 노력 덕분이었다.

　여기에다 폐원 관련 뉴스가 나오면서부터 많은 환자가 이미 빠져나갔고, 신환 유입은 완전히 멈췄다. 그리고 흙탕물에 더 이상 몸을 담그고 싶지 않은 의료진들은 이미 제 살길을 찾고 있을 거였다. 의사나 간호사는 이 병원을 나가도 갈 곳이 없지 않다. 제 살길 찾아 떠나려는 의료진들에게 뭐라 할 수는 없다.

　법인에서 못 이긴 척 폐원을 유보하고, 자구책을 마련해 오면 검토 후 병원을 유지하겠다고 생색내듯 발표했다면 어떻게 됐을까? 곧 폐원한다고 이미 소문난 병원을 되살릴 비책을 찾기란 그 누구라도 쉽지 않다. 거기에다 의료진 발령 권한이 있는 법인에서 필수

의료진 몇 명만 다른 병원으로 전보 발령을 내면 그것만으로도 병원은 휘청일 거였다. 사실 나는 이런 시나리오가 가장 두려웠다. 스스로 손들고 나오게 되는 상황이 너무나 수치스러울 것 같았다.

그런데 이사회에서는 폐원을 의결했다. 자기들 손에 피를 묻히고, 서울백병원 부지를 의료시설로만 쓸 수 있도록 용도를 한정하겠다는 서울시와의 결사 항전도 각오한 채 폐원을 강행했다. 상식 밖의 이런 결정, 왜일까? 폐원을 서둘러 진행해야 하는 자기들만의 이유가 있는 건 아닐까? 매수할 사람이 이미 정해져 있다거나 하는 그런 이유 말이다. 나는 이사회를 몰라도 너무 몰랐다. 그들은 나와 상식이 다른 사람들이었다.

〈2023.6.24.〉

피해 최소화 대책 없는 폐원,
인정할 수 없다*

　사람들은 내가 서울백병원 폐원을 무조건 반대한다고 생각하는지 모르겠다. 그러나 나는 절대 그렇게 생각하지 않으며, 오히려 병원 경영이 어려우면 문을 닫을 수도 있다고 생각하는 쪽이다. 그 대신 폐원으로 인해 그 누구도 피해를 당하지 않도록 최선을 다할 의무가 법인에 있다고 생각한다. 그러기 위해 병원 구성원인 교직원 및 지자체와 사전에 논의하여 출구전략을 세밀하게 짤 필요가 있다. 그러나 법인은 이번 폐원 결정 전에 그 어느 당사자와도 상의하지 않았고, 교직원과 환자 및 지역민에게 미칠 피해를 줄이기 위한 그 어떤 조치도 사전에 취하지 않았다. 법인은 오로지 눈에 보이는 경제적 이익만을 좇아 폐원을 결정하였다. 그렇기 때문에 나는 이번 폐원 결정을 인정할 수 없다. 이제라도 법인은 폐원 결정을 유보하고 교직원 및 지자체와의 충분한 논의를 통해 그 누구도 피해를 입지 않을 출구전략을 짤 필요가 있다.

　다음은 폐원으로 인해 당장 발생할 가능성이 큰 피해 사례들이다.

1) 인턴

　우리 병원에는 7명의 인턴이 근무하고 있다. 수련 완료 전에 병원이 문을 닫게 되면 이들은 다른 병원으로 이동해서 수련을 받아야 한다. 이들을 받아줄 병원을 구하는 것도 쉽지 않을뿐더러 시스템이 다른 병원에 새로 적응하는 것도 쉽지 않다. 인턴들은 수련받은 병원에서 주는 인턴 성적에 따라 레지던트를 지원하게 되는데 직접 수련시키지 않은 인턴에게 좋은 성적을 줄 리는 만무하다.

우리 병원을 위해 지난 수개월 동안 궂은일을 담당해 준 인턴들이 피해를 보게 해서는 안 된다.

2) 임상연구

우리 병원에서는 현재 40여 개의 연구 과제가 진행되고 있다. 이 중에는 제품 개발을 위해 업체의 지원을 받는 과제들도 있다. 나 또한 어느 기관의 지원을 받아 어느 건강기능식품의 체지방 감량 효과를 검증하는 임상연구를 진행하고 있다. 갑자기 병원 문을 닫게 되면 임상연구는 중지되고, 아직 연구가 완료되지 않은 대상자들은 연구에서 탈락하게 된다. 이는 제품 개발에 치명적인 악영향을 미치게 된다. 연구비의 상당 부분은 이미 인건비와 검사비로 지출되었는데 연구자와 개발업체에 어떻게 보상할 것인지에 대해서는 아직 아무런 언급도 하지 않고 있다.

3) 사업체 검진

건강증진센터는 여러 사업체와 단체검진이 계약되어 있다. 사업체 검진은 대부분 검진 성수기인 가을철에 진행되게 되는데, 우리 병원만 믿고 있던 사업체들은 병원이 갑자기 폐원하게 되면 어려움을 겪게 된다. 폐원 의결 뉴스가 나간 이후부터 사업체 보건관리자들로부터 검진 진행이 가능한지에 대한 문의 전화가 쇄도하고 있다. 그러나 폐원만 결정되었지 시기와 일정은 정해진 것이 없어서 제대로 안내도 못 드리고 있는 형편이다. 근로자들에게 건강검진을 제공하는 것은 사업체의 의무이기 때문에 우리 병원에서 검진을 못 받게 되면 다른 검진기관과 계약을 새로 체결하여 검진을 제공해야 하는데, 이미 가을철까지 검진 예약이 꽉 차 있는 검진기관도 많아 새로운 검진기관을 찾는 것이 쉽지 않을 것이다.

4) 감염병 전담기관

　우리 병원은 서울시 중구의 유일한 감염병 전담기관으로의 역할을 수행하기 위해 그동안 음압 시설을 비롯한 여러 장비와 시설을 지원받았다. 지자체에서 이렇게 시설과 장비를 지원해 준 것은 이 지역에서 지속적으로 감염병 전담기관의 역할을 감당해 주리라는 믿음이 있었기 때문이다. 지자체와 아무런 사전 조율 없이 폐원을 결정한 것은 상호 간의 신의를 저버린 행동이다. 지자체에서는 감염병 재유행을 대비하여 다른 감염병 전담기관을 발굴하여 또다시 감염병 관리를 위한 시설과 장비를 지원해 줘야만 하는 상황이다.

　이렇듯 폐원으로 인해 당장에 발생할 피해가 눈에 선한데 법인에서는 피해를 줄이기 위한 그 어떤 대책도 제시하지 않고 있다. 오히려 법인의 이익을 극대화하기 위해 병원 구성원과 지역민이 받게 될 피해를 모르는 체하는 느낌이다.

　법인은 폐원 시기와 일정을 정하기에 앞서 이제라도 서울백병원 폐원으로 인해 발생할 수 있는 피해를 최소화하기 위한 대책을 세워야 한다. 그러기 위해 병원 구성원 및 지자체와 충분한 논의를 거쳐야 한다. 인턴들에게는 이동 수련 없이 수련을 완료할 수 있도록 수련 기간을 보장해야 한다. 폐원으로 인해 계약사항을 이행하지 못했을 때 임상연구 의뢰업체와 검진 계약 사업체에 어떻게 보상할 것인지 법인이 직접 나서서 설명해야 한다.

　아직 폐원 시기와 일정이 확정되지 않았지만, 8월 말까지 폐원 절차를 완료한다는 소문이 있어 교직원들과 환자들이 불안에 떨고 있다. 혹여 폐원되더라도 폐원으로 인한 피해를 줄이기 위해 그렇게 빠른 속도로 폐원 절차가 진행되지는 않을 것이며, 교직원 및 지자체와 충분한 논의를 거친 후 확정되어 진행될 거라는 확신을 교직원들과 환자들에게 주어야 한다.

〈2023.6.25.〉

* 본 내용은 '청년의사'에 기고되어 기사화되었다.
  청년의사, 송수연, 〈폐원 앞두고 혼란스러운 서울백병원…. 인턴 수련, 임상연구는?〉

백인제 박사님의 당부*

아들아!
병원이 낡았다고
너무 빨리 닫지 말아라
아빠는 그 낡은 병원이
오래오래 운영되기를
바라고 또 바라고 있단다

그렇단다, 아들아!
그 낡은 병원을 볼 때마다
아빠는, 그 병원의 융성했던 때를
더 살리며 사랑한지 모른단다

아, 그렇단다!
낡은 병원도 낡은 병원대로
영원히 사라지지 않는
'마른 향기'를 간직하고 있기에!
(저 경제 논리로도 태울 수 없는)

⟨2023.6.26.⟩

---

* 김준태, ⟨작은 고백⟩ 각색

공조, 그 어려움

　직원들은 교수들이 어디까지 함께 가줄 수 있는지 묻는다.
　교수들은 직원들이 제 살길을 위해 언제 뒤돌아설지 모른다고 말한다.

　직원과 교수 사이에는 오래된 불신의 골이 있다.
　그 골에서 양쪽을 잡고 서 있다.

　지금은 '폐원 철회'라는 한목소리를 내고 있지만,
언제 파열음이 날지 몰라 조마조마하다.

　법인은 이 틈을 파고든다.
　양쪽을 이간질한다.

　직원들에게는 교수들이 환자를 열심히 안 봐서 병원이 이렇게 되었다고 말한다.
　교수들은 만나주지도 않는다.

　이 공조가 깨지면 법인의 뜻대로 끌려갈 수밖에 없다는 걸 알기에 양손에 힘을 꽉 준다.
　양손에 땀이 밴다.

　직원들은 교수들이 먼저 떠나갈까 두렵고,
　교수들은 직원들이 먼저 타협할까 두렵다.

〈2023.6.27.〉

서운한 감정

오늘 처음으로 폐원을 이유로 진료의뢰서를 써 드렸다.
2005년부터 우리 병원에 다니던 분이다.
이미 다른 병원 외래를 예약해놨다고 하셨다.
어쩔 수 없다는 걸 알면서도 서운함이 느껴졌다.

병원이 문을 닫게 되었으니
다른 병원으로 옮겨가는 것은 당연한데
이렇게 서운해하다니
끝까지 못 돌봐드려 죄송하다며 머리를 조아려도 모자랄 판에

그런데,
이 서운한 감정은 누구를 향한 걸까?

〈2023.6.28.〉

자격지심

변호사를 만나고 왔다.
하루종일 머리가 아프다.

알기 힘든 법률용어들
제대로 받아 적지도 못했다.

법인 정관도 찾아보고,
기본재산 변경 기준도 찾아보고,
대학 설립 요건도 찾아보고,
교육부 인허가 사항도 찾아봐서
절차상 문제가 될 핵심 사항을 찾아오라는데
어떻게 해야 하는 건지 모르겠다.
도로 원점이다.

법인에 상주 변호사가 둘이나 있는데
절차상 문제를 만들었을까?

좀 더 정리해서 다시 만나자고 하는데
왠지 맡고 싶지 않은 것 같다는 느낌이 드는 건
내 자격지심 때문일까?

그래도 우리를 위해 한 시간이나 내준 것만으로도 고맙다.

법적 조치를 포기할 수도 없고 어떡한다?
오늘도 기자들이 전화해서 법적 조치 언제 들어가냐고 묻는다.

타이레놀을 꺼내 먹는다.

〈2023.6.29.〉

비전임 교원 이탈

한 명뿐인 검진내시경 전담의사가 7월 말 사직 의사를 밝혔다. 이분이 그만두면 검진 전체가 멈출 수도 있다. 새로 사람을 모집한다고 해도 폐원이 결정된 병원에 누가 지원하겠는가.

예견됐던 일이다. 지금 우리 병원에는 28명의 전임 교원과 19명의 비전임 교원이 근무하고 있다. 계약직인 비전임 교원은 병원에서 책임져 주지 않는 인력이다. 그들 입장에서 생각하면, 옮겨갈 병원만 있다면 조금이라도 빨리 움직이는 것이 합리적이다. 그러나 우리는 그들을 대체할 인력을 구할 수 없다. 그들의 이직을 막을 방법 또한 없다.

우리 병원에 원래부터 비전임 교원이 많았던 것은 아니다. 최근 2~3년 사이에 급증했다. 전임 교원이 다른 병원으로 전출되거나 사직하여 공석이 발생하면 그 자리를 전임 교원이 아닌 비전임 교원으로 채웠다. 법인에서 전임 교원 발령을 내주지 않았기 때문이다. 비전임 교원에게는 개원가 급여를 줬기 때문에 전임 교원보다 급여가 현저하게 높았다. 20년 이상 경력의 전임 교원 급여보다도 2~3년 경력의 비전임 교원 급여가 훨씬 높았다. 전임 교원 대신 비전임 교원을 뽑는 것은 병원 재정에 크게 마이너스였다. 그럼에도 불구하고 대부분의 경우에 전임 교원이 아닌 비전임 교원을 뽑았다. 왜 그랬을까?

폐원을 염두에 두고 보면 모든 것이 이해된다. 단기적으로는 병원 재정에 부담되더라도 비전임 교원을 뽑아야 폐원할 때 책임져야 할 인력이 줄어든다. 폐원을 고려하지 않으면 비상식적으로 보이는 결정이 폐원을 대비했다고 생각하면 합리적인 선택으로 변모한다. 이 모든 것이 폐원을 위한 선제 작업이었을까?

그나저나 검진 문 닫게 생겼다. 여기저기 도움을 구해 보지만 해결 방도가 보이지 않는다. 이분만이 문제가 아니다. 비전임 교원의 연쇄적인 이탈이 우려된다.

〈2023.6.30.〉

부원장 사퇴

　부원장이 보직을 내려놨다. 마음이 좋지 않다. 원장단의 병원 운영 방향이 내 생각과 같았던 것은 아니지만, 교수협의회장 자격으로 최근 그들이 그동안 해왔던 일들을 비판하기도 했지만, 그들에게 개인적인 감정이나 앙금이 있는 것은 아니다. 서 있는 자리가 다르면 보이는 경치가 다른 법이고, 그들은 그들의 자리에서 자신들의 몫을 다하고 있고, 나는 나의 자리에서 나의 몫을 다하고 있다고 생각했다.

　나는 그동안 그들의 부탁을 거절한 적이 거의 없다. 생활치료센터에 파견 나가 달라고 하면 생활치료센터에 나갔고, 코로나19 후유증 클리닉 진료를 맡아달라고 하면 클리닉을 만들어 운영했고, 지방간 클리닉 담당 교수가 사직한 후 지방간 클리닉을 유지해 달라고 했을 때는 오히려 생활습관병 클리닉으로 업그레이드시켰다. 인원 감축 대상에 안 오르려고 원장단에 붙어 있다는 소문이 있을 정도였지만, 나는 전혀 신경 쓰지 않았다. 어떻게든 병원을 정상적으로 운영하기 위해 내가 할 수 있는 최선을 다할 뿐이었다.

　병상 가동률이 떨어지자 부원장은 대형병원으로부터 아급성기 환자를 받아 병상을 채우겠다고 했다. 병상 회전율을 높여야 하는 여러 대형병원들이 관심을 가지고 환자를 보내줬다. 50% 정도에 머물렀던 병상 가동률이 70~80% 이상으로 올라갔다. 말이 좋아 아급성기 환자지 큰 병원에서 수술과 같은 주요 치료가 끝났는데 요양병원이나 집으로 갈 정도로 컨디션이 회복되지는 않은 환자를 받아 뒤치다꺼리하겠다는 거였다. 자신도 수술을 할 수 있는데, 남이 수술한 환자를 받아 수술 후 관리를 한다는 것이 교수 입장에서는 자존심 상하는 일이었다. 그리고 주요 검사와 치료는 큰 병원에서 이미 진행됐기 때문에 환자를 받아 남는 수익은 현저히 떨어졌다. 그리고 민원도 많이 발생했다. 자신이 서울대병원에서 왔으면 그들은 여전히 서울대병원 환자였다. 서울대병원에서는 안 이랬다며 비교하기 일쑤였다.

그럼에도 불구하고 나는 아급성기 환자를 받겠다는 부원장의 결정을 지지했다. 화려했던 과거의 명성에 머물러 있으면 살아갈 방도가 보이지 않는다. 살아남기 위해서는 현실을 직시하고 자존심을 버려야 한다고 생각했다. 폐원 관련 기사가 터져 나오기 전까지도 병동은 서울의 여러 대형병원에서 보내온 아급성기 환자로 꽉 차 있었다. 자존심을 버리면서까지 살아남기 위해 발버둥 쳤던 그간의 노력이 수포가 된 순간이었다.

하여튼 병원은 문을 닫기로 결정되었다. 누군가는 책임도 지고, 뒷수습도 해야 한다. 병원을 활성화시킬 때만 리더쉽이 필요한 것이 아니다. 병원 문을 닫으려 할 때도 리더쉽이 필요하다. 예를 들어 검진 내시경 전담 의사가 사직 의사를 밝혔는데, 어떻게든 그를 붙잡을 것인지, 새로 사람을 구할 것인지, 소화기내과에 검진 내시경을 부탁할 것인지, 그냥 이대로 검진 문을 닫을 것인지 누군가는 결정을 내리고 진행해야 한다. 누가 결정을 내릴 것인가? 흔들리는 비전임 교원을 누가 나서서 붙잡을 것인가?

책임지는 방식에 대해서 생각한다. 부원장은 사퇴했고, 병원장은 침묵을 지키고 있다. 법인의 지침이 내려오기만을 기다리고 있는 것일까? 병원은 지금 무정부 상태다.

〈2023.7.1.〉

나 지금 되게 신나!

　며칠 전 어떤 분께서 '삶의 또 다른 이름은 고통'이라는 말을 해 주셨습니다.

　살아가다 보면 고통이 따르기 마련입니다.
　고통이 전혀 없다면 잘못 살고 있는 건지도 모릅니다.
　삶 속에서 마주치는 고통을 피하기만 할 수는 없습니다.
　마주해야 하고 넘어서야 합니다.

　저는 윤동주 시인의 〈십자가〉란 시를 좋아합니다.
　이 시에 나오는 '괴로웠던 사나이 행복한 예수 그리스도'*란 시구를 좋아합니다.

　사람의 감정은 한 가지가 아닙니다.
　여러 가지 감정이 섞여 있습니다.
　괴로우면서도 행복할 수 있고,
　행복하면서도 불안할 수 있습니다.

　십자가를 져야 하는 예수 그리스도는 괴롭습니다.
　십자가의 고통이 두렵습니다.
　그럼에도 불구하고 십자가를 질 수 있어 행복합니다.
　십자가를 지기 위해 이 세상에 왔기 때문입니다.
　자신이 십자가 위에서 죽어야 온 인류를 위한 구원의 길이 열리기 때문입니다.

　예수 그리스도의 괴로움과 행복

윤동주 시인이 따라갔던 그 길
제가 감히 흉내나 낼 수 있을까요?
그럼에도 불구하고 그들의 발자취를 더듬어 봅니다.
입으로는 힘들다 하면서도 속으로는 신나 합니다.
되게 신나 합니다.

〈2023.7.2.〉

---

* 윤동주, 〈십자가〉

침울한 날

말을 많이 하고 온 날에는
침울해진다.

모르는 사람들 앞에서
말을 많이 하고 온 날에는
더욱 침울해진다.

모르는 사람들 앞에서
책임질 수 없는
말을 많이 하고 온 날에는
너무나 침울해 서 있는 것조차 힘들다.

오늘이 딱 그런 날이었다.
집에 들어와 소파에 눕자마자
잠이 들었다.

〈2023.7.3.〉

믿고 싶다

　두 번째 서울백병원 협의체 모임이 어제(7월 3일) 있었다. 서울백병원 회생과 폐원으로 인한 피해 최소화 방안 등을 논의하기 위해 직원노조에서 제안하여 만들어진 모임이다. 병원 운영진, 법인, 교수, 직원노조가 모두 참여하기로 했다. 병원장은 개인적 사정을 핑계로 첫 번째 모임(6월 29일)에 불참했다. 법인에서도 실무급 팀장만을 내보냈다. 회의가 제대로 이뤄질 수 없었다.

　두 번째 모임에 처음으로 병원장이 참석했다. 한 6주 만에 얼굴을 본 것 같다. 많이 힘들어 보였다. 지난 서울백병원 경영정상화 TFT 회의 이후 자신이 폐원을 막기 위해 했던 일들과 병원장으로 일하면서 했던 결정들에 대한 자신만의 이유를 이야기했다. 자신의 속마음을 털어놓을 수 있도록 시간을 충분히 줬다. 병원장의 말에 모두 동의하는 건 아니었지만 말을 끊지 않았다. 이렇게라도 대화를 시작했다는 것이 중요했기 때문이었다.

　지난 2~3년 동안 병원에서 가장 바쁘게 지낸 사람은 병원장일 것이다. 가장 먼저 출근해서 가장 늦게 퇴근했을 것이다. 입원 환자도 가장 많이 봤을 것이다. 당직에 구멍이 나면 병원장이 직접 메웠다. 병원장은 기본적으로 성실한 사람이다. 자신의 일에 최선을 다하는 사람이다.

　그렇지만 나는 병원장은 성실한 사람이 맡아선 안 된다고 생각한다. 병원장은 오히려 자신의 환자 수를 줄이고 다른 의사들이 더 많은 환자를 보도록 동기를 부여할 수 있는 사람이 맡아야 한다. 다른 동료의 말에 귀를 기울이고, 그들의 역량을 최대로 활용할 수 있는 사람이 병원장을 해야 병원이 돌아간다. 병원장에게 요구되는 능력과 일반 의사에게 요구되는 능력은 다르다. 병원은 혼자서 끌고 갈 수 있는 조직이 아니다. 혼자만 성실해서는 병원이 유지될 수 없다.

　병원장은 취임 초부터 자신이 진료 없을 때는 항상 12층 원장실에 있을 테니 언제든 찾아오라고 교수들에게 말했다. 실제 얼마나 찾아갔는지는 모르겠다. 평교수가 원장실에 찾아가기가 쉬운가? 평교수들은 원장단에 문자 하나를 보낼 때도 수십 번씩 썼다 지웠다 썼다 지웠다를 반복하다가 간신히 보낸다. 찾아오라고 할 것이 아니라 자신이 찾아가야 할 일이었다. 만나기 싫은 사람도 끊임없이 만나고, 자신과 의견이 다른 사람의 말에도 귀를 기울이고, 그들의 의견이 병원의 정책에 반영되도록 지속적으로 노력해서 그들을 자신의 편으로 만들었어야 했다. 이런 것이 싫다면 병원장을 맡아선 안 됐다. 병원장도 12층 원장실에 혼자 앉아 있는 것이 편하지만은 않았을 것이다. 병원장은 외로운 자리다.

　하여튼 지난 협의체 모임에서 TFT 회의 이틀 뒤인 6월 2일에 메일로 발송한 병원장 서신 이후 처음으로 병원장의 공식적인 의견을 들을 수 있었다. 나는 그것만으로도 의미 있는 회의였다고 평가한다. 그는 지금도 서울백병원 폐원에 반대한다고 했다. 나는 그 말을 진심으로 믿고 싶다.

〈2023.7.4.〉

책임을 진다는 건 무엇인가?

병원 앞에서 나를 본 것 같은데
인사를 못 했다며 아쉬워하신다.

75세 골다공증 환자의 보호자,
자신도 우리 병원 호흡기내과에서 병을 고쳤다며
하루종일 우리 병원 폐원 기사만 찾아보고 있다는데
기사마다 박혀 있는 내 이름이 안타까웠다고 하신다.

우리 병원에서 무릎 수술을 앞두고 있던 환자,
담당 교수가 사직하게 되면서
다른 병원으로 옮기게 되었다며
처음부터 온갖 검사를 다시 해야 해서
힘들어 죽겠다고 하소연하신다.

진료과는 줄었어도
여기에서 볼 수 있는 병은
끝까지 여기에서 치료받고 싶으시다며
6개월 뒤로 외래 예약을 잡고 가신다.
아직 폐원한 건 아니지 않냐 시며

같은 시간,
옆방에서는 간호사가 울고 있다.
다른 병원 가기 싫다며 매달리는 의료보호 할아버지,
자기가 돈을 준비해 오겠다며
진료 예약만 잡아달라고 울먹이시는데

책임을 진다는 건 무엇인가?

〈2023.7.5.〉

COMING SOON,
서울백병원이 새로워집니다

병원 엘리베이터에는 아직도 'COMING SOON, 서울백병원이 새로워집니다'라는 제목의 포스터가 붙어 있다. 그런데, 새로운 병원이 오지 않고, 폐원이 왔다.

최근 2년 동안 계속해서 공간 리모델링 공사를 했다. 진료 기능을 유지하면서 공사를 하려다 보니, 한 층 공사하고, 짐 옮기고, 한 층 공사하고, 짐 옮기는 것을 반복했다. 직원들도, 환자들도 새로워질 병원을 기대하면서 공사 소음과 먼지를 견뎌냈다. 직원들에게는 공사가 끝난 후 시행할 병원 활성화 전략을 준비하라고 요청했다. 그러기 위해 새로운 부서도 만들고, 진료 프로세스도 개선했다. 환자들도 병원이 너무 환해지고 좋아졌다며 흐뭇해했다.

그런데, 공사가 끝나갈 무렵 그동안 구상한 활성화 전략을 시도조차 해보기 전에 법인은 폐원 절차에 들어갔다. 직원들은 당황했다. 그렇다면 그동안 공사는 왜 했을까? 그래 놓고 그동안의 공사비용은 병원 투자금액에 포함시켰다. 아무리 투자해도 이 병원에는 희망이 없다면서. 공사 후 뭐라도 해보고 이런 말을 들었다면 이렇게까지 억울하진 않았을 것이다.

우리, 우롱당한 것 맞지?

〈2023. 7. 6.〉

이번 역은 금정

이번 역은 금정, 금정역입니다.
내리실 문은 오른쪽입니다.

범계에서 내려야 하는데
자꾸만 금정까지 간다.

졸고 있는 것도 아닌데
어쩌다 보면 한 정거장 더 가 있다.

무슨 정신으로 사는 건지
자꾸만 놓치는 것이 생긴다.

낯선 역에 서서
돌아갈 열차를 기다린다.

한 정거장 돌아가는 것은 어렵지 않으나
집에 가면 지쳐 쓰러진다.

〈2023.7.7.〉

폐원일기

서울백병원 마지막 교수협의회장의
폐원 저지 150일 분투기

| 진료 종료 통보 |

2부

진료 종료 통보

 어제(7월 7일) 법인에서 병원에 진료 종료 공문을 보냈다. 세 번째 협의체 모임 다음 날이다. 세 번째 모임에서는 검진센터 활성화, 준중증 응급센터 강화 등 병원 회생 방안에 대해 주로 논의했다. 모임에 참석한 법인 국장은 모임에서 논의된 방안들을 윗선으로 전달해 주겠다고 약속했다. 법인에서 언제까지 병원 회생 방안만 논의할 수는 없다고 해서 다음 모임부터는 회의 시간을 분배해 병원 회생 방안과 피해 최소화 방안을 함께 논의하기로 약속했다. 그런데, 세 번째 모임 다음 날에 병원에 공문을 보내 8월 31일까지 진료 종료할 것을 통보한 것이다. 이번에도 교수들에게는 법인도, 병원장도 입을 닫았다. 법인에서 보내온 공문에는 내부 논의를 거쳐 진료 종료를 결정했다는 말이 찍혀 있었다. 지금까지 세 차례 진행했던 협의체 모임이 진료 종료를 위한 내부 논의였을까? 협의체 모임에 참석하면서도 이 모임이 병원 구성원들과 논의해 폐원이나 진료 종료 시점을 결정했다는 근거로 이용되지는 않을까 우려됐었다. 우려가 현실이 됐다. 분이 삭혀지지 않는다.

 진료를 종료하라고 통보한 8월 31일까지는 약 6주 남았다. 법인은 정말 6주 안에 진료를 종료할 수 있다고 생각하는 걸까? 종합병원은 일반적으로 3개월 단위로 진료가 이뤄진다. 3개월 동안 예약되어 있는 환자들을 6주 안에 모두 불러서 마지막 진료를 하고 진료의뢰서를 비롯한 제반 서류를 발급해줘야 한다. 모든 환자에게 진료의뢰서를 써주려면 평소보다 진료 시간이 곱절로 든다. 알아서 아무 병원에나 가라고 할 수 없기에 어느 병원, 어느 의사에게 가서 진료를 이어가야 할지에 대해서도 알아봐 줘야 하고, 그들의 한 맺힌 원성도 들어줘야 한다. 법인이 환자 입장을 고려했다면 기본적인 진료 단위인 최소 3개월의 시간적인 여유를 줬을 것이다.

그리고 진료에는 연속성이 중요하다. 환자들은 새로운 병원, 새로운 의사와 새로운 관계를 맺는 것이 부담스럽다. 많은 환자가 새로운 의사에게 가기보다 담당교수가 병원을 옮기면 거리가 있더라도 그 병원으로 따라가기를 원한다. 그런데 교수들이 옮겨갈 병원은 아직 정해지지 않았다. 담당교수를 따라가기를 원하는 환자들에게 담당교수를 따라갈 기회는 줘야 할 것 아닌가. 환자들이 무슨 불편함을 겪든 말든 그냥 자기들이 만들어 놓은 일정대로 병원 문을 닫는다는 게 의료기관의 경영자가 할 짓인가. 그들에게 의료기관 경영자의 자격이 있을까?

어떻게 해도 마음속에 분이 삭혀지지 않는다.
심장이 벌렁거린다.
안정제 한 알을 집어 먹는다.
어떻게 해야 할지 모르겠다.
혼란스럽다.

〈2023.7.8.〉

병원장별 의료적자 규모

*다음은 2010년 이후 서울백병원 역대 병원장의 임기 동안의 연평균 의료적자 규모이다. 이 중 연임에 성공한 원장은?

1) 최OO 원장 약 118억 원
2) 염OO 원장 약 54억 원
3) 홍OO 원장 약 79억 원
4) 오OO 원장 약 78억 원
5) 구OO 원장 약 139억 원

정답은 최OO 원장과 구OO 원장이다.

그들의 공통점은 그들의 임기 동안 의료적자 규모가 연평균 100억 원 이상이라는 것이다. 나머지 세 분은 상대적으로 의료적자 규모가 작았음에도 불구하고 연임에 실패했다. 법인에서는 누적된 적자 규모가 커서 폐원을 할 수밖에 없다고 밝혀왔는데 실제로 해왔던 것을 보면 적자 규모가 작은 원장들은 경질하고, 적자 규모가 큰 원장들에게는 병원 경영 실패의 책임을 묻지 않았다. 서울백병원 폐원의 이유가 정말로 누적된 의료적자였다면, 병원 경영 실패의 책임을 물어 적자 규모를 키운 원장들을 경질했어야 할 것이다. 그러나 법인에서는 그렇게 하지 않았다. 참으로 아이러니하다. 법인의 말과 행동에는 큰 차이가 있다.

법인에서 서울백병원 폐원을 결정한 것이 정말로 누적된 의료적자 때문일까?

〈2023.7.9.〉

눈물, 또다시 눈물

이사회 폐원 의결 다음 날 아침
출근하다가
현관 앞에서 울고 있는 직원을 보았습니다.

현관문에 '폐원 철회'를 붙이던 다른 직원이
글자를 붙이다 말고
그 직원을 다독이고 있었습니다.

내 눈에도 눈물이 찔끔 고였습니다.
그들을 방해하고 싶지 않아
못 본 채 고개를 돌리고 들어갔습니다.

오늘은 진료 종료 통보 후 출근 첫날
얼마나 많은 직원의 눈에 눈물이 고여 있을까요?
얼마나 많은 민원전화가 걸려 올까요?

슬픔이 아니라 분노이어야 한다고* 하지만,
분노를 삭이면서 살아온 우리 순한 직원들은 여전히
화도 내지 못하고 슬픔만 가득 차 있을 것 같습니다.

벌써부터 심장이 벌렁거립니다.
갈 곳 잃은 환자들의 얼굴을 어떻게 봐야 할까요?
슬픔에 가득 찬 직원들의 눈물을 또다시 못 본 채 해야 하나요?

〈2023. 7. 10.〉

---

* 도종환, 〈배추〉

무거운 발걸음, 라오스 의료봉사

3년 반 만에 라오스에 왔다.
코로나19 유행 전에는 해마다 의료봉사 왔던 곳이다.
코로나19 때문에 미루고 미루다 이제야 다시 올 수 있었다.

마지막 라오스 의료봉사 출발일은 2020년 1월 19일,
아내의 유방암 첫 번째 항암치료 5일 후였다.
아내만 남겨놓고 떠나는 발걸음이 무거웠다.
아내는 아무 걱정하지 말고 잘 다녀오라며 도리어 나를 안심시켰었다.

이번 라오스 의료봉사 출발일은 2023년 7월 10일,
병원 진료 종료 통보 3일 후다.
직원들만 남겨놓고 떠나는 발걸음이 무겁다.
직원들은 아무 걱정하지 말고 환자만 열심히 보고 오라며 웃으며 배웅한다.

이런 시기에 해외 의료봉사라니, 이게 맞나? 고민도 했지만,
라오스 의료봉사는 여러 달 전에 계획된 거였다.
코로나19 유행이 빨리 끝나
우리 봉사팀이 오기만을 기다리는 수많은 사람이 이곳에도 있다.

한국의 일은 한국에 있는 사람들에게 맡기고,
나는 이곳의 일에만 전념하려 한다.
그런데 자꾸만 검색창에 '서울백병원'을 치고 있다.
읽고 읽은 기사를 또다시 읽고 있다.

직원노조에서는 병원 앞에서 촛불집회를 하겠다고 했었는데, 잘 마쳤을까?

〈2023.7.11.〉

전 직원 부산 발령

　서울백병원 전 직원 부산 지역 병원 전보 예정 소식을 전해 들었다. 5월 31일에 있었던 서울백병원 경영정상화 TFT 회의 이후부터 8월 말 폐원, 교직원 전원 부산 발령 소문이 돌았었다. 법인에서는 아직까지 정해진 것이 없다고 계속해서 부인했었다. 그런데 결국 소문대로 되었다. 병원장은 불과 며칠 전에 있었던 협의체 모임에서만 해도 서울백병원 폐원을 반대한다고 하더니만, 전 교직원에게 서신을 보내 8월 31일 진료 종료를 선언했다.

　교직원 전원을 고용승계 하겠다느니, 교직원의 피해를 최소화하기 위해 최선을 다하겠다느니 하는 허울 좋은 말들이 역겹다. 며칠 전에는 너무 많은 직원이 부산 지역 병원으로 따라간다고 할까 봐 걱정하고 있다는 소문도 들었다. 말은 고용승계라 하면서 직원들을 최대한 떨어내는 것이 목적인 인사 조처다.

　직원노조에서는 법적 소송으로 맞서겠다고 선언했다.
　교수 24명, 일반 직원 239명이 소송에 참여하겠다고 신청했다.
　직원들의 분노가 극에 달했다.

〈2023.7.12.〉

자기 자리를 지켜달라

현 병원장은 부임 초부터 직원들에게 무슨 일이 있더라도 자기 자리를 지켜달라는 말을 반복적으로 했다. 폐원이 진행되는 와중에도 힘들더라도 본인이 맡은 자리를 잘 지켜달라고 했다. 자기 자리를 지키는 것은 직원들이 원래부터 가장 잘하는 일이었다. 자기 자리를 지켜달라고 부탁하지 않았어도 최선을 다해 자기 자리를 지켰을 거였다. 세상을 개혁하는 큰일은 아니더라도 자기가 맡은 일에 최선을 다하며 사는 것이 세상을 사랑하는 일이라 생각하며 살았다. 자기가 있는 이곳이 세상 전부인 줄 알고 살았다.

그래서 직원들은 자기 자리를 지켰다.
그래서 직원들은 최선을 다해 자기 자리를 지켰다.
그래서 결국 폐원이 의결됐다.
그래서 결국 전 직원 부산행 통보를 받았다.

세월호 선장은 배가 침몰하기 직전까지도 아이들에게 가만히 있으라고만 했다. 그래 놓고 저만 살겠다고 도망쳤다.
병원장은 폐원 의결 직전까지도 직원들에게 본인의 자리를 잘 지켜달라고만 했다. 병원 경영 실패에 대해 책임지겠다는 말은 실수로라도 하지 않았다.

서울백병원은 명동 앞바다에서 침몰하고 있다.
자기가 일하고 있는 이 병원이
세상 전부인 줄 알았던 직원들은 이 병원과 함께 가라앉고 있다.

〈2023.7.13.〉

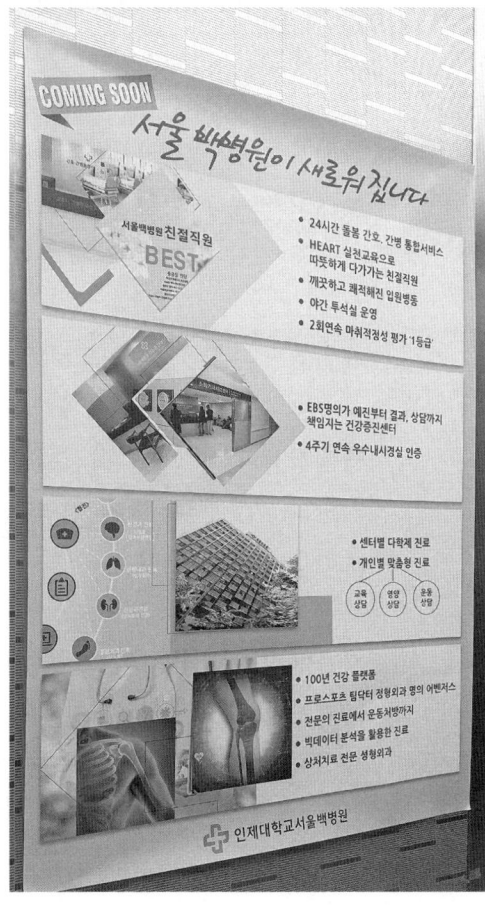

꺾이지 않는 마음

우리는 절망의 벽 앞에 서 있다.
마음이 조급하다.
분을 삭일 수 없어 맨몸으로 달려든다.
벽은 꿈적도 하지 않는다.
상처받는 건 오히려 우리다.
두렵다.
이대로 주저앉게 되진 않을지 두렵다.

지금 우리에게 필요한 건 무엇일까?
중요한 것은 꺾이지 않는 마음
쉬운 해답은 없다.
조급해하지 말고 한 발 한 발 나아가야 한다.
서두르지 말고 함께 나아가야 한다.
포기하지 않으면 언젠가는 넘는다.
결국 우리가 넘는다.*

〈2023.7.14.〉

---

* 도종환, 〈담쟁이〉

속도위반 통지서

속도위반 통지서가 날아왔다.
아내가 잔소리를 하지 않는다.

얼마 지나지 않아 하나 더 날아왔다.
그래도 싫은 소리를 하지 않는다.

평소 같았으면 집안이 뒤집어질 일인데,
집안이 평온하다.

사과하고, 사과해도 용서받지 못 할 일인데,
집안이 고요하다.

직장 일에 앞장서서 언론에 얼굴을 비추는 남편,
위태로워 보일 것인데,

굳이 이렇게까지 나설 필요 있나?
말리고 싶을 것인데,

남편은 어떻게 되는 거야?
지인들의 연락이 피곤할 법도 하건만,

은수 아빠, 하고 싶은 대로 하세요.
100% 신뢰를 보낸다.

이현 아빠, 마음 편한 대로 하세요.

다른 말을 보태지 않는다.

아직 정해진 것은 없다는 아내의 전화 응답,
내가 기자들에게 하는 말을 따라 하고 있다.

〈2023.7.15.〉

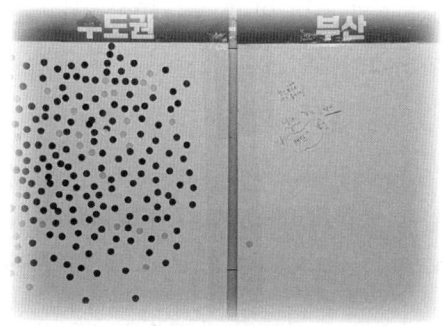

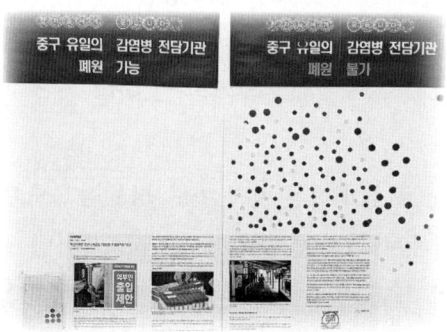

검진 종료 결정

건강증진센터는 7월 31일까지만 운영하기로 했다. 결정해 주는 사람이 없어 건강증진센터 소장인 내가 스스로 결정했다. 비전임 교원의 이탈로 할 수 없는 검사가 늘어나서 도저히 건강증진센터를 운영할 수 없는 지경이 되었다.

검진 종료까지 2주밖에 남지 않았다. 8월 이후로 예약되어 있는 수진자와 사업체에 연락하여 양해를 구해야 한다. 수진자와 사업체 입장에서는 황당하기 그지없는 일이다. 우리 직원들이 욕받이가 되어 그들의 원성을 들어줘야 한다.

이미 여러 사업체 보건관리자로부터 민원전화가 들어오고 있다. 계약된 검진을 이행하지 못하는 것에 대해 피해보상을 요구하는 것은 물론이거니와 사업체 직원들의 검진 관련 문의로 자신도 정신적 스트레스가 크니 자신에게도 피해보상을 해달라는 보건관리자도 있었다. 우리 직원들이 할 수 있는 일이라고는 사실을 알리고 들어주는 것밖에 없다. 우리 직원들에게는 그 어떤 결정 권한도 없다.

폐원을 결정하고 집행하는 법인이나 병원장으로부터 검진 종료 및 이로 인한 피해보상 관련하여 아직까지 그 어떤 말도 듣지 못했다. 우리가 알아서 막고 품으라는 것인가? 그 무책임함에 치가 떨린다.

〈2023.7.17.〉

우린 정말 열심히 일했다

"교수님이 이런 일까지 직접 하세요?" 검진센터에서 각종 검사 동의서를 받고 있으면 수진자들이 자주 하는 질문이다. "네, 이런 것도 의사가 해야 하는 업무입니다."라고 웃으며 대답하지만, 속으로는 씁쓸한 기분이 드는 것도 사실이었다. 검진센터의 검사 동의서는 대부분의 병원에서 인턴이나 레지던트 저년차가 담당하는 업무다. 우리 병원에서도 얼마 전까지만 해도 레지던트가 하던 일이었다.

작년 2월에 레지던트를 내보냈다. 다른 과에는 전담간호사라도 배치해서 레지던트가 하던 업무를 감당시켰지만, 우리 과에는 전담간호사도 보내주지 않았다. 우리 과 레지던트가 하던 일은 전부 교수에게 부여됐다. 이 와중에 우리 과 교수 한 명이 이직했다. 남은 가정의학과 교수 두 명이 가정의학과 외래 진료와 검진센터 업무를 모두 감당해야 했다. 이 와중에 오랫동안 검진센터를 지켜줬던 파트장과 선임간호사가 조기퇴직 했다. 간호 인력도 모두 새로운 사람으로 바뀌었다. 이대로 검진센터를 유지할 수 있을지 걱정되었다. 어떻게든 버티자는 생각으로 끌고 갔다.

다행히 좋은 사람들이 왔다. 너무 과하다 싶을 정도로 친절했고, 업무에 대한 이해도도 높았고, 무엇보다 성실했다. 부족한 것투성이였지만, 우리끼리는 웃으면서 일했다. 속은 문드러졌지만, 밖으로는 티 안 내고 서로를 배려하며 일했.

작년 하반기 이후 우리 병원에서 유일하게 수익이 올라간 부서가 검진센터였다. 작년 하반기에 새로 이직해 온 어떤 분은 이 병원 검진센터는 비수기가 없는 것 같다며, 여러 검진센터에서 일해 봤지만 이런 검진센터는 처음이라고 불만을 토로했다. 아무도 예상하지 못한 결과였다. 수진자를 모으기 위해 프로모션도 기획하고, 유명 유튜브 채널에 나가 홍보도 했지만, 부족한 인력과 시설로도 검진센터가 잘 될 수 있었던 것은 검진센터 직원들의 수고와 노력 덕분이었다.

우린 정말 열심히 일했다. 수진자 한 명 한 명에게 정말 정성을 다했다. 8월에도 검진 예약이 꽉 차 있었다. 그런데, 나 스스로 검진센터 운영 종료를 선언했다. 위에서 아무도 결정해 주지 않아 나 스스로 결정했다. 우린 정말 우리 병원, 우리 검진센터를 위해 열심히 일했을 뿐이었다.

〈2023.7.18.〉

교수협의회 요구사항

직원노조에서 제안한 협의체 모임이 세 번의 회의만으로 끝이 났다. 세 번째 모임 다음 날, 법인에서 병원에 진료 종료 공문을 보냈다. 더 이상 모임은 없었다.

네 번째 모임부터는 폐원으로 인해 발생할 수 있는 피해를 최소화하는 방안을 함께 논의하기로 했었다. 네 번째 회의에 가면 주장하려고 교수협의회 요구사항을 정리했었으나, 말도 꺼내지 못하고 끝이 났다. 일방적으로 이용만 당하고 말았다.

이것이 억울해 모든 병원 직원이 볼 수 있는 병원 그룹웨어 공지사항에 교수협의회 요구사항을 올렸다. 그렇게라도 우리의 의사는 전달하고 싶었다. 수용 여부와는 별개의 문제였다.

교수협의회 요구사항

1. 아무런 대책 없이 서울백병원 폐원을 결정한 이순형 이사장과 백대욱 상임이사 사과
2. 서울백병원 경영 실패에 대한 책임을 물어 이병두 의료원장과 구호석 원장 문책
3. 인턴: 이동 수련 없이 수련을 완료할 수 있도록 수련 기간 보장
4. 전임 교원 및 정규직 직원: 전원 수도권 지역 형제 백병원 고용 승계
5. 비전임 교원 및 계약직 직원: 고용계약 기간 미보장 시 적절한 보상안 제시

6. 임상 연구 의뢰업체 및 연구자: 연구 계약기간 미보장 시 적절한 보상안 제시

7. 법인, 병원, 교직원 폐원 합의 시 최소 3개월 이상 진료 보장

〈2023.7.19.〉

싸우지 않으면 이미 패배한 것

싸우고 있는가?
이미 패배했는가?
싸우면서도
이미 패배를 예감하고 있는가?

열렬히 싸운다고
승리가 보장되는 건 아니지만
싸우지 않으면
이미 패배한 것이다.*

승리를 자신해서
싸우는 게 아니다.
혹여 패배하게 되더라도
오늘의 시간에 비겁해지고 싶지 않아서이다.

온몸이 두들겨 맞은 듯 아파 오더라도
밤잠을 설쳐 정신이 몽롱해지더라도
오늘의 일에 최선을 다할 것이다.
결과가 어찌 되든 간에

〈2023.7.20.〉

---

* 이현승, 〈자서전엔 있지만 일상엔 없는 인생〉

부탁의 글

마지막까지 서울백병원을 찾아주셔서 감사드립니다.

여러분의 건강을 끝까지 돌봐 드리지 못해 죄송합니다.

법인은 8월 31일부로 진료를 종료하겠다고 일방적으로 통보했습니다.

80년 이상 운영한 대학병원의 진료를 6주 안에 정리하는 것은 불가능합니다.

아직도 수천 명의 환자가 진료 예약조차 잡지 못하고 있습니다.

병원을 문 닫으려는 법인의 횡포를 막아주십시오.

저희 교직원들은 끝까지 여러분 곁에 있고 싶습니다.

폐원 과정에서 불이익을 당하거나 불편함을 겪은 것이 있다면 중구보건소, 중구청, 중구의회, 서울시, 교육부 등에 적극적으로 민원을 제기해 주실 것을 부탁드립니다.

저희도 어떻게든 끝까지 버티겠습니다.

2023년 7월 21일
서울백병원 교직원 일동

〈2023.7.21.〉

병원은 현재 정상 진료 중

병원 입구에는
법인에서 붙인 진료 종료 포스터와
노조에서 붙인 정상 진료 플래카드가
함께 붙어 있다.

병원에서 진료하는 것은 당연하다.
정상 진료 플래카드를 붙일 이유가 전혀 없다.
그냥 진료하면 된다.
정상 진료 플래카드가 붙어 있는 현실이 슬프다.

직원들은 폐원 철회를 주장한다.
폐원 철회를 주장하는 직원들이 폐원을 안내하고 있다.
폐원 후 환자들이 불편을 겪지 않도록 정성껏 안내하고 있다.
폐원을 안내하는 직원들의 모습이 안타깝다.

지금 병원에 오면 법인과 병원 직원 간의 갈등을 전혀 느낄 수 없다.
벽에 붙어 있는 몇몇 부착물을 제외하면 모두가 한마음으로 폐원을 준비하고 있는 것만 같다.
마지막으로 병원을 찾은 환자들을 생각하면 직원들은 자신들의 감정을 감출 수밖에 없다.
환자가 볼모가 되는 현실이 화가 난다.

병원은 현재 정상 진료 중이다.
진료 종료를 향하여 마지막 질주를 하고 있다.

마지막까지 병원을 찾아준 환자들에게 마지막 감사 인사를 전하고 있다.

직원들은 눈물을 흘리며 마지막 열정을 불태우고 있다.

폐원을 결정한 법인 사람들은 진료 시간에 전혀 보이지 않는다.

모든 것을 병원 직원들에게 맡겨 놓고 제 살길만 도모하고 있다.

진료 시간에는 보이지 않던 사람들이 11시 50분만 되면 직원 식당 앞에 나타난다.

오늘의 식단을 살펴보며 마지막 식욕을 불태우고 있다.

〈2023.7.22.〉

수도권 병원은 보기에 없다

　법인에서 직원들을 대상으로 전출과 관련된 기초 설문조사를 시작했다.
　기초 설문조사 결과를 토대로 직원 면담을 진행할 예정이다.

　전출 희망 기관의 보기는 1) 부산백병원, 2) 해운대백병원, 3) 부산 지역 전보 불가 세 가지로 되어 있다.
　수도권에 있는 상계백병원과 일산백병원은 보기에서 아예 뺐다.

　누가 봐도 의도가 보이는 설문이다.
　설문 작성자는 '희망'이란 단어의 뜻을 잘 모르는 듯하다.

　편향된 의도로 만든 편향된 설문은 어떻게 답을 해도 이용만 당하게 되어 있다.
　법인에서 이 설문 결과를 어떻게 이용할지는 너무나 뻔하다.
　직원들의 의사를 최대한 반영해서 전보 조처했다고 말하고 싶은 것이다.

　질문이 바로 되어야 올바른 답이 나온다.
　질문이 비뚤거려 있으면 비뚤린 답이 나오게 되어 있다.

　대다수 서울백병원 직원들은 수도권 병원에 남아 있기를 희망한다.
　직원들의 희망을 고려하지 않은 설문으로는 어떻게 해도 직원들의 의사를 반영할 수 없다.

　순진한 우리 직원들, 또다시 법인의 술수에 넘어가는 건 아닌지 걱정이다.

생각만 해도 짜증 난다.

〈2023.7.23.〉

교수님은 어디로 가세요?

　환자들이 가장 많이 하는 질문은 '병원 문 닫으면 저 어디로 가야 해요?'가 아니다.
　환자들은 내가 어디로 가는지를 가장 많이 묻는다.
　아직 결정된 것이 없다고 하면 나중에라도 알 수 있을지를 다시 묻는다.
　8월이 지나면 어떻게라도 결정돼 있지 않겠느냐며 다독인다.
　마지막 인사를 하고 진료실을 떠나는 환자의 눈빛이 흔들린다.
　떠나가는 환자의 눈길을 피한 건 정작 나였다.

　이 병원에서 일한 지 만 17년,
　그 시간이 그냥 흘러가지 않았다.
　매일 같이 반복되는 환자들과의 이별이 힘들다.
　매일 같이 타이레놀을 달고 산다.

〈2023.7.24.〉

강제 삭제

　7월 19일에 병원 그룹웨어 공지사항에 올린 교수협의회 요구사항 글이 5일 만에 강제 삭제됐다. 그다음 날 바로 삭제할 줄 알았더니 생각보다는 행동이 굼떴다.

　2~3주 전, 병원에서 업무 메신저로 사용하던 카카오워크 전체 직원방에 교수협의회 의견을 올렸더니 카카오워크를 해지 시켜 버렸었다. 언제는 업무 효율화를 위해 카카오워크를 사용하자고 그렇게 홍보하더니 없앨 때는 아무런 공지나 논의도 없었다. 법인이나 원장단에서 일하는 것이 항상 이런 식이다.

　이번에 그룹웨어 공지사항에 글을 올리면서도 이번에는 병원 그룹웨어를 폭파하려나 궁금했었는데, 그룹웨어는 폭파하지 않았다. 다만 그룹웨어 게시판에 글을 올릴 권한만 박탈했다. 다행이라고 해야 하나? 하여튼 교수협의회 의견이 온라인상에서 직원들과 공유되는 것은 엄청 싫은가 보다.

　그렇다면 병원 시스템을 이용해서 직원들과 소통할 또 다른 방법을 찾아봐야지.
　싫어하는 것은 해야 맛이다.

〈2023. 7. 25.〉

진료 종료 일정 안내 문자는 누가?

 지금의 내 감정은 무엇인가? 우울인가? 분노인가? 짜증인가? 좌절인가?
 어제(7월 25일) 오후, 병원 기획실에서 보낸 한 통의 단체 문자를 받은 후 정체불명의 감정에 시달리고 있다. 어떻게 풀어야 하는지도 모르겠다. 한숨 자고 일어났는데도 여전히 그대로다.

 문자는 두 가지 내용으로 이루어져 있다.
 1) 진료 종료 일정 정리
 2) 입원 환자 관리 유념 부탁

 기획실에 연락해서 누가 이 문자를 발송하라고 지시했는지 물었다. 죄송하다는 말뿐, 발송 지시자를 밝히지 않았다. 말하기 곤란해하는 것 같아 기획실 자체 판단으로 보낸 것으로 알겠다고 하고 말았다. 그러나 병원 기획실 행정직원에게 폐원 일정을 결정할 권한이 있을 리가 없다. 그런다고 법인이 입원 환자 관리에 대해 신경 쓰고 있을 리도 만무하다. 이런 말도 안 되는 진료 종료 일정을 남몰래 정리하고, 자신의 이름은 밝히지도 않은 채 기획실에 연락해서 전 교직원에게 문자를 발송하도록 지시한 사람은 도대체 누구인가?

 문자에 신환 진료, 수술 및 시술 종료 시점으로 제시된 7월 31일은 1주일도 남지 않았다. 인제 와서 갑자기 시술을 금하면 이미 예약되어 있던 환자는 어쩌란 말인가? 기획실에서는 문자 발송을 지시한 사람을 왜 밝히지 않는 건가?

환자들에게 시술 취소 전화를 걸어 뒷수습해야 하는 사람은 또다시 직원들이다. 8월까지는 진료한다며 시술 일정을 간신히 잡았다고 좋아했었는데, 1주일도 안 남은 시점에서 시술 취소 전화를 받게 될 환자들은 또 얼마나 황당할 것인가? 폐원 과정에서 이뤄진 모든 결정에 교직원과 환자에 대한 고려나 배려는 전혀 찾아볼 수 없다. 아무런 상의 없이 있다가 얼마 남지 않은 시점에 자신들이 정한 일정을 통보하면 그걸로 끝이다. 그 과정에서 피해를 입는 사람은 결국 교직원과 환자다.

어떻게 해도 풀리지 않는 내 감정은 또 어떻게 다스려야 하는가?

〈2023.7.26.〉

| 가처분 신청 |

3부

드디어 가처분 신청

　기자들은 우리가 언제 법적 조치에 들어가는지를 가장 궁금해한다. 어떤 근거를 들어 문제 제기할 것인지를 묻는다. 이런 질문을 받을 때마다 조금씩 움츠러든다. 법 이야기가 나올 때마다 두통에 시달린다.

　법적 조치를 강구하겠다고 이미 여러 차례 밝혔기에 체면상으로도 그냥 물러설 수는 없다. 우리가 무슨 말을 하든지 간에 법인에서는 정해진 일정대로 폐원을 진행하고 있기 때문에 법적 조치 외에는 우리가 기댈 수 있는 것이 별로 없는 것 또한 사실이다. 승소 가능성이 크지 않더라도 억울해서라도 소송은 일단 하고 가야 한다.

　지난 월요일(7월 24일)에 드디어 변호사와 계약을 했고, 오늘 아침에 드디어 가처분 신청서 초안을 받았다. 변호사님이 정성껏 작성해 준 서류를 보고 나니 없던 자신감이 갑자기 샘솟았다. 왠지 이길 수도 있을 것 같다는 생각이 들었다. 지금까지 일방적으로 당하기만 했는데, 마지막에 역전타를 날릴 수도 있지 않을까 기대가 되었다.

　7월 24일부터 8월 4일까지 2주간은 전국 법원 여름휴가 기간이다. 대부분의 법원에서 이렇게 기간을 정해 한꺼번에 휴가를 간다는 것도 이번에 처음 알았다. 서류가 법원에 접수될 때까지 가처분 신청 내용은 비밀이다. 최후의 일격을 제대로 한 번 준비해 봐야겠다.

〈2023.7.27.〉

거꾸로 생각하기

만성 적자여서 문을 닫겠다는 병원이 있다.
거꾸로 생각해 보자.*
문을 닫기 위해 더 이상 투자하지 않고
만성 적자인 채로 내버려 둔 것은 아닌지.

교직원들이 일을 안 해서 만성 적자라는 병원이 있다.
거꾸로 생각해보자.
열심히 일하고 싶어 하는 교직원들에게
일을 할 수 있는 충분한 여건을 제공했는지.

결정 권한을 가지고 있었던 사람들이 책임을 져야 한다.
아무런 권한 없이 주어진 여건 속에서
자신이 할 수 있는 최선의 노력을 다해 온 사람들에게
책임을 물어선 안 된다.

병원이 위기라서 문을 닫겠다고 하지만,
지금의 상황은 병원의 위기가 아니라 법인의 위기다.
지금의 법인에 병원을 운영할 능력이 있는지,
그것을 오히려 되묻고 싶다.

그동안 결정권을 가지고 행사하던 사람들이
평가자가 되어 판결을 내리려는 모습이 우습다.
아무리 생각해봐도
이건 아니다 싶다.

〈2023. 7. 28.〉

---

* 유안진, 〈거꾸로 로꾸거로〉

그때 왜 우리는 주저했을까?

2021년,
현 병원장이 부임했을 때,
전공의를 내보내고, 응급의료센터를 축소했을 때,
과 불문하고 의사들을 마구잡이로 내보냈을 때,
왜 우리는 그렇게 하면 병원 망한다고 강력하게 항의하지 못했을까?

병원 절대 문 안 닫습니다.
문 안 닫으려고 이러는 겁니다.
병원 계속할 겁니다.
병원장이 의사들에게 큰소리쳤을 때,
왜 우리는 그렇게 하면 병원이 버티지 못한다고 좀 더 결사적으로 주장하지 못했을까?

저, 저, 하는 사이에*
정말로 병원은 문 닫게 됐고,
직원들은 가족들과 생이별하게 됐고,
환자들은 갈 병원을 찾지 못하게 됐는데,
병원 절대 문 안 닫겠다던 병원장은 폐원까지 마무리하겠다고 자리를 지키고 있다.

저, 저, 하는 사이에 병원은 정말로 문 닫게 됐는데
책임지겠다는 사람은 그 어디에도 없다.
그래도 복안이 있으니 저렇게 큰소리치는 거겠지,

자기들이 한 말에 대해서는 어떻게든 책임지겠지,
그렇게 쉽게 넘어간 나 자신을 결국 탓하게 된다.

지금에서야
이대로 병원 문 닫을 수 없다며,
그때 왜 그랬냐며 소리치지만
그 누구도 들어주지 않는다.
정해진 일정대로 폐원이 진행될 뿐이다.

그때 왜 우리는 그렇게 주저했을까?

〈2023.7.29.〉

---

* 이규리, 〈저, 저, 하는 사이에〉

신경외과 의사를 내보낸 이유

우리 병원에 신경외과 의사가 네 명 있었다. 그중 세 명이 뇌를 보는 의사였고, 한 명은 척추를 보는 의사였다. 현 병원장 부임 후 뇌를 보는 신경외과 의사 세 명을 모두 다른 병원으로 내보냈다. 이후 우리 병원에서는 뇌출혈 환자를 볼 수 없게 되었다. 왜 그랬을까?

당시 병원장은 뇌를 보는 신경외과 의사들의 급여와 그들을 지원하는 전담간호사들의 급여가 그들이 뇌 수술을 통해 벌어들이는 수입보다 더 크기 때문에 그들을 내보낼 수밖에 없다고 했다. 즉 우리 병원에서 신경외과를 운영해서는 수지타산이 안 맞기 때문이라는 것이었다. 그래서 우리 병원 응급실에서는 뇌출혈 환자를 볼 수 없게 되었다.

그런데 사실은 뇌출혈 환자만 응급실에서 볼 수 없게 된 것이 아니었다. 뇌출혈에서 나타날 수 있는 모든 증상의 환자를 볼 수 없게 되었다. 환자들은 진단명을 달고 오지 않는다. 두통, 어지럼증, 의식소실, 감각저하, 반신마비 등 증상을 가지고 올 뿐이다. 그런데 뇌출혈 환자와 뇌경색 환자의 증상이 크게 다르지 않다. 병원에 방문하여 검사해야만 감별할 수 있다. 일반적으로 검사를 해서 뇌경색이면 신경과에서, 뇌출혈이면 신경외과에서 치료한다. 신경외과 의사가 없는 병원에서 뇌경색으로 생각해서 환자를 받았는데, 뇌출혈 환자라면 문제가 될 수 있다. 골든타임이 중요한 뇌출혈 의심 환자를 이런 식으로 다룰 수는 없다. 그렇기 때문에 신경 증상을 가지고 있는 모든 환자를 처음부터 다른 병원으로 보낼 수밖에 없게 되었다.

의료는 서로 얽혀 있다. 신경외과를 없애면 신경외과 환자만 줄 것 같지만, 신경외과 의사가 있기에 받을 수 있는 다른 과 환자들도 함께 줄게 된다. 그래서 진료과를 없애는 결정은 신중해야 한다. 다른 진료과에 미치는 영향도 함께 분석되어야 한다. 당시 우리 병원 운영진들은 이런 연쇄적인 효과까지 고려했을까?

이런 일이 신경외과에서만 일어난 것이 아니다. 이런 식으로 우리 병원의 기능은 점점 축소되었다. 그렇다고 병원의 경영 상태가 개선된 것도 아니었다. 그냥 멀쩡한 병원 하나만 망가졌다.

〈2023.7.30.〉

상처 주는 말, 상처받는 나

앞에 서서 일하다 보면
다른 사람에게 상처 주는 말을 하게 된다.
다른 사람의 문제를 지적하는 글을 쓰게 된다.

그에게 실제 문제가 있고 없고를 떠나서
이런 뾰족한 말들이 나에게도 상처가 된다.
내 영혼이 피폐해지는 것이 느껴진다.

나도 이런 말 안 하고, 이런 글 안 쓰고
내 할 일 하며 조용히 지내고 싶다.
내 영혼을 돌보며 고고하게 살고 싶다.

8월이 지나면 어떻게든 결론이 나 있을까?
피폐해진 내 영혼도 휴식을 얻을 수 있을까?
로뎀나무 아래 누운 엘리야처럼*

〈2023.7.31.〉

---

* 열왕기상 19:5

어느새 8월

어느새 8월이다.
진료 종료까지 이제 한 달도 남지 않았다.

지난 두 달, 참으로 많은 일이 있었다.
이전과는 다른 삶을 살았다.

불안할 때도 있고, 힘들 때도 있었지만,
절대 불행하지만은 않았다.

동료들이 있었고, 응원해 주는 사람들이 있었다.
내 곁에는 많은 사람이 있었다.

그래서 버틸 수가 있었다.
다시 한번 힘을 낼 수 있었다.

지난 시간을 돌아볼 때,
우리에게 부족한 것은 절실함이다.

어떻게 해서라도 8월까지 진료를 종료하려는 법인의 절실함이
폐원과 일방적인 부당전보를 막으려는 우리의 절실함보다 컸다.

그래서 끌려갈 수밖에 없었다.
일방적으로 당할 수밖에 없었다.

그들의 절실함의 이유는 무엇인가?

무슨 이유가 있기에 이렇게 수많은 사람에게 피해를 주면서까지 병원 문을 닫으려 하는가?

우리의 절실함을 키우지 않으면 폐원을 막을 수 없다.
목숨이라도 걸겠다는 간절함이 없이는 일방적인 부당전보를 막을 수 없다.

시간이 이제 얼마 남지 않았다.
얼마 남지 않은 시간을 대충 흘려보낼 수는 없다.

우리가 할 수 있는 최선을 다해야 한다.
우리가 할 수 있는 거라면 무엇이라도 시도해 봐야 한다.

으쌰으쌰
결단코 포기하지 않을 것이다.

서로 의지하며 함께 나아갈 것이다.
승리를 염원하며 한발 한발 앞으로 나아갈 것이다.

〈22023.8.1.〉

최후의 반란

이사회 8인의 단 한 번의 의결로
반항 한 번 못 해보고
쓸쓸히 사라질 수는 없지 않은가.

마지막 불꽃 한 번은 태워봐야 하지 않겠는가.
가슴 속 아쉬움, 억울함, 울분 남지 않도록
최후의 일격 한 번은 날려봐야 하지 않겠는가.

우리의 뜨거웠던 지난날,
이곳에서 우리는 꿈을 꾸었고, 청춘을 불태웠다.
그 시간을 아름답게 끝맺기 위한 최후의 반란

〈2023.8.2.〉

절실함, 더욱 절실함

오늘 드디어 '서울백병원 폐원 결의 효력정지 가처분 신청서'를 법원에 제출했다. 신청서를 제출하는 당일까지도 우여곡절이 많았기에 신청서를 제출했다는 것만으로도 가슴이 벅찼다. 이를 기념하여 교직원들이 함께 모여 백인제 가옥까지 걸어가 서울백병원 폐원을 막고자 하는 우리의 의지를 다시 한번 천명했다. 나는 교직원을 대표하여 발언했다. 나는 절실함을 강조했다.

우리가 법인의 결정을 바꾸기 위해서는 지금보다 훨씬 더 절실해져야 한다. 우리가 모두 자신의 이름을 걸고 당당하게 법인에 맞서야 법인을 이길 수 있다. 이제 남은 시간이 많지 않다. 우리가 모두 절실함을 가지고 각자가 할 수 있는 최선을 다해야 남은 시간을 우리의 시간으로 만들 수 있다.

교직원 대표 발언

안녕하세요. 서울백병원 교수협의회장 조영규입니다. 먼저 폭염의 날씨에도 불구하고 서울백병원에서부터 백인제 가옥까지 행진하여 걸어오신 교직원들과 함께 자리해 주신 기자님들께 진심으로 감사의 인사 올립니다.

여러분은 요즘 잠은 잘 주무시고 계십니까? 저는 요즘 열대야 때문인지, 갱년기 때문인지 잠을 통 이루지 못하고 있습니다. 어떨 때는 갑자기 심장이 두근거리기도 하고, 손발이 떨리기도 합니다. 어떻게 해도 잘 멈춰지지 않습니다. 무슨 병이라도 걸린 걸까요?

때로는 지금껏 제가 알지 못했던 정체불명의 감정에 시달립니다. 이 감정의 실체에 대해서 곰곰이 생각해보지만 잘 모르겠습니다. 우울인가? 분노인가? 짜증인가? 좌절인가? 여러 가지로 생각해보지만, 다 아닙니다. 그러다 어느 날 깨달았습니다. 제 감정의 실체는 '억울함'이었습니다. 솔직히 말하겠습니다. "저 이대로는 억울해서 못 살겠습니다." 여러분은 어떻습니까?

어느 방송국 기자와의 인터뷰에서 김동민 지부장이 우리 직원들이 하루아침에 무슨 난민이 된 것 같다고 했습니다. 어디에서도 환영받지 못하는 천덕꾸러기 신세가 되었다는 뜻입니다. 전 직원을 부산 지역으로 발령 보낸다고 했다가 얼마 뒤에는 일부는 수도권에 남겨두겠다고 했다가 저희 직원들을 가지고 장난치는 것으로밖에 생각되지 않습니다. 결정 권한이 있는 자기들한테 잘 보이라는 것입니까? 저는 이런 상황이 안타깝다 못해 이제는 짜증까지 나려 합니다. 저희 교직원들은 그동안 법인과 병원이 정해놓은 틀 안에서 최선을 다해 일했을 뿐인데 왜 이런 대우를 받아야 하는 건지 모르겠습니다.

어떤 직원분은 한 커뮤니티 앱에 병원 폐원과 폐원 이후 전보 문제로 인해 식구들까지 모두 숨죽이고 있다고 썼습니다. 이 글을 읽는데 눈물이 났습니다. 저희가 뭘 그렇게 잘못해서 가족들까지 이렇게 고통받아야 합니까? 아무런 대책 없이 폐원을 결정한 여덟 명의 이사와 그 가족들은 지금도 희희낙락하며 잘살고 있을 것입니다.

서울백병원 폐원 안을 법인 이사회에 상정하기로 결정한 5월 31일 서울백병원 경영정상화 TFT 회의 이후 두 달의 시간이 지났습니다. 지난 두 달의 시간을 냉정하게 평가하자면 저희는 법인에 일방적으로 끌려다녔습니다. 대략 이런 식이었습니다. 6월 20일 이사회에서 폐원을 의결합니다. 저희가 대자보를 통해서든, 언론을 통해서든 법인에 항의

합니다. 법인은 저희 의견을 귓등으로도 듣지 않습니다. 그리고는 자기들이 정해놓은 일정에 맞춰서 8월 31일 진료 종료를 통보합니다. 저희가 또다시 항의합니다. 법인은 저희가 뭐라 하든 신경도 쓰지 않습니다. 법인 누군가의 시간표대로 일정이 진행될 뿐입니다. 그동안의 시간을 돌아보면 이런 일들이 계속해서 반복됐습니다. 저희는 일방적으로 당하기만 했습니다. 저희는 왜 이렇게 끌려다니기만 했을까요?

물론 모든 결정 권한이 그들에게 있기 때문에 처음부터 저희가 불리했습니다. 그렇지만 그것만으로는 설명되지 않습니다. 저희에게는 무엇이 부족했던 걸까요? 제가 생각했을 때 저희에게 부족한 것은 '절실함'입니다. 어떻게든 8월까지 진료를 종료하려는 법인의 절실함이 폐원과 일방적인 부당전보를 막으려는 저희의 절실함보다 컸습니다.

물론 법인의 절실함은 정당한 이유로 인한 것은 아닙니다. 정의로운 절실함도 아닐 거고요. 그들이 환자를 생각했다면 6주라는 짧은 시간 안에 진료를 종료하라고 통보하지는 않았을 것입니다. 지금도 9월 이후에 예약되어 있는 수천 명의 환자가 담당 교수의 진료 예약을 잡지 못하여 진료의뢰서조차 발급받지 못할 처지에 놓여 있습니다. 그들은 무슨 이유로 수많은 사람에게 피해를 주면서까지 이렇게 급박하게 병원 문을 닫으려 하는 걸까요? 8월 31일까지 병원 문을 닫아야 하는 그들의 절실함의 이유가 무척이나 궁금합니다. 저희는 그 이유를 반드시 알아내야 합니다.

저희의 절실함은 어떻습니까? 정말 절실하게 폐원을 막고 싶습니까? 정말 절실하게 일방적인 부당전보를 막고 싶습니까? 폐원과 일방적인 부당전보를 막기 위해 여러분은 무엇을 걸었습니까? 예전에 이광웅 시인은 이 땅에서 진짜가 되려거든 목숨을 걸어야 한다고 했습니다.* 여러분은 목숨을 걸고 있습니까? 목숨까지는 아니어도 자신의 이름을 걸고 당당하게 법인에 맞서고 있습니까? 제가 알기로는 지금까지 누구 하나 13층 법인에 올라가 폐원을 결정한 이사장 나오라고 소리 지른 사람도 없고, 이대로는 병원 문 못 닫는다고 병원 현관 앞에 드러누운 사람도 없습니다. 이 정도의 절실함으로는 법인이 꿈쩍도 하지 않습니다.

여러분의 핸드폰을 열고 자신의 카톡 프로필 사진을 한 번 보십시오. 어떤 사진입니까? 해외여행 다녀온 사진입니까? 가족들과 웃고 있는 사진입니까? 와인 잔이 번쩍거리고 있진 않습니까? 그 사진들이 폐원을 막고자 하는 여러분의 강력한 의지를 표출하고 있습니까? 이 정도의 절실함으로는 법인을 이길 수 없습니다. 이제 법인이 정한 진료 종료일이 한 달도 남지 않았습니다. 우리가 먼저 변해야 법인의 결정도 변할 수 있습니다. 법인이 무서워하는 것은 직원들의 단체행동과 법적 소송 두 가지뿐입니다. 무엇이 두려워서 주저하고 있습니까?

마지막으로 법적 소송 경과에 대해 말씀드리겠습니다. 소송에는 교수 24명과 일반 직원 239명이 참여했습니다. '법률사무소 고유'의 유지원 변호사님과 '법무법인 엘케이비앤파트너스'의 김현권 변호사님께서 저희 소송을 맡아주셨습니다. 그동안 변호사님들과 서울백병원 폐원 결의 효력정지 가처분 신청서를 작성하였으며, 금일 오후에 신청서 제출을 완료하였습니다. 여기 계신 분들은 가처분 신청서 내용과 승소 가능성에 대해 가장 많이 궁금하실 것으로 생각됩니다. 저희는 법인의 폐원 의결 과정이 사립학교법과 정관을 위배하여 무효이며, 직원들을 부산으로 전보 발령하는 것도 근로기준법에 반하는 것임을 가처분 신청서에 명시하였습니다. 사립학교법 몇 조를 위반한 것인지, 정관 몇 조를 위반한 것인지 구체적인 내용까지 이 자리에서 밝히면 좋겠지만, 자세한 내용은 변호사님과 상의하여 적절한 시기에 공개하겠습니다.

가처분 신청서 내용을 보기 전에는 저도 사실 승소할 가능성을 크게 보지 않았습니다. 승소 가능성이 크지 않더라도 억울해서라도 소송은 하고 가야겠다는 생각이 강했습니다. 그런데 변호사님께서 보내주신 가처분 신청서 내용을 보고 나서는 없던 자신감이 생겼습니다. 이길 것 같다는 생각이 강하게 들었습니다. 지금까지 법인에 일방적으로 당하기만 했는데, 마지막에 역전타를 날릴 수도 있지 않을까 하는 기대를 품게 되었습니다. 아마도 저희는 한 달 뒤에 변호사님께 성과보수를 드려야 할 것 같습니다. 여러분, 1억 원 모금할 준비 되셨습니까? 가처분 신청서를 보고, 제가 품은 희망이 이 시간 여러분께도 조금이나마 전달되면 좋겠습니다.

'끝날 때까지 끝난 게 아니다' 요기 베라의 말처럼 끝날 때까지는 정말 끝난 게 아닙니다. 마지막 순간까지 절실함을 가지고 우리가 할 수 있는 최선을 다했으면 합니다. 우리가 이길 수 있습니다. 충분히 이길 수 있습니다. 승리를 염원하며 함께 나아갑시다.

두서없는 말, 이만 마치겠습니다.
경청해 주셔서 감사합니다.

2023년 8월 4일
서울백병원 교수협의회장
조영규

〈2023.8.4.〉

---

* 이광웅, 〈목숨을 걸고〉

가족 외식

　오랜만에 네 가족이 함께 모여 외식을 했다. 딸은 학교 기숙사에서 생활하고 있고, 아들은 집돌이여서 외식을 하자고 해도 잘 따라나서지 않는다.

　대학교 2학년인 딸은 학교 친구들이 병원 관련 기사들을 보여주며 너희 아빠도 부산 가는 거냐고 자꾸 물어본다고 했다. 너도 아빠 따라 부산 내려가 사는 거냐고 자꾸 물어본다고 했다. 딸은 자기는 기숙사에서 살면 되니까 부산에 내려가 살 일은 전혀 없다고 어이없다는 듯 대답했다고 했다.

　중학교 3학년인 아들은 안 듣는 척하다가 "일산백병원에는 자리 없대요?", "상계백병원에는 자리 없대요?"라며 무심한 말투로 툭툭 묻는다. 아들은 밥을 먹으면서도 이어폰을 끼고 있다. 나는 혹시라도 부산으로 내려가게 되면 해운대에 있는 파라다이스 호텔에서 혼자 달방 생활할 거니까 아무 걱정하지 말라고 농담을 했다.

　아이들은 자기 일이 아닌 척, 관심 없는 척하지만, 무지 신경 쓰고 있는 게 역력하다.

　내일은 오랜만에 가족끼리 조조영화를 보기로 했다.
　집돌이 아들은 자기는 빼고 가라고 했다.

〈2023.8.5.〉

병원 생각만 난다

큰일 났다.
무슨 노래를 들어도 병원 생각만 난다.
무슨 시를 읽어도 병원 생각만 난다.
생각이 온통 병원에 멈춰있다.

'사랑이 떠나가는 날'이란 가사가
'병원이 문 닫는 날'로 들린다.
'내 사랑 그대 내 곁에 있어 줘'란 가사가
'서울백병원 문 닫지 말아줘'로 들린다.

중병에 걸렸다.
철이 없는 욕심에 그 많은 미련에
저 여린 가지 사이로 혼자인 날 느낄 때
이렇게 아픈 병원 생각만 난다.

힘겨운 시간이 지나고 있다.
나는 비틀거리고 있다.
힘겨운 날에 문 닫고 나면
우리 직원들이 갈 곳은 어디에*

⟨2023.8.6.⟩

---

* 김현식, ⟨내 사랑 내 곁에⟩

〈말 달리자〉를 부를 때처럼

월요일 아침 8시
시끌벅적해야 할 검진센터가 고요하다.
주말에 잘못 나왔나?
순간 착각이 들었다.

직원들은 다 어디 간 거지?
수진자들은 다 어디 간 거지?
다 어디로 숨은 거지?
다 어디로 도망간 거지?

나는 신나게 일하고 싶었을 뿐이다.
신명 나게 일하고 싶었을 뿐이다.
얼싸절싸 일하고 싶었을 뿐이다.
그냥 달리고 싶었을 뿐이다.

어려서 노래방에서 친구들과 함께
크라잉넛의 〈말 달리자〉를 부를 때처럼
무슨 가사인지는 모르지만, 그냥 신나고, 모두가 하나가 된 듯한 기분,
그때처럼 일하고 싶었을 뿐이다.

그때로 돌아가고 싶다.
철없던 그 시절로 돌아가고 싶다.
친구들이랑 우글우글 노래방에 가서
〈말달리자〉를 부르고 싶다.

닥쳐! 닥쳐! 닥쳐!
닥치고 가만있어.
우리는 달려야 해.
거짓에 싸워야 해.

말 달리자!*

〈2023.8.7.〉

---

* 크라잉넛, 〈말 달리자〉

진료의뢰서 한 장에 담긴 세월

크고 좋은 병원이 많은데도
낡고 오래된 이 병원만을 찾는 환자들이 있다.
선대로부터 수십 년째
이 병원만을 다녔다는 환자들이 있다.

최신 시설, 최신 장비 하나 없는 이 병원을
그들은 왜 그리 고집했을까?
그들이 이 병원만을 찾았던 것은 추억의 힘 때문일까?
세월에 닦여 이 병원에 길들여졌기 때문일까?*

선대로부터 이어온 수십 년의 세월을
진료의뢰서 한 장과 교환하고
허탈한 표정으로 뒤돌아 나가는
그들의 뒷모습

그들 뒤에 남겨진 나는
슬퍼할 겨를도 없이
다음 환자와의 이별을 준비한다.
다음 환자를 호명한다.

김광석의 노래 가사처럼
매일 이별하며 살고 있다.**
김광석이 서른 즈음에 고백한 삶의 비애를
쉰 즈음이 되어서야 깨닫고 있다.

〈2023.8.8.〉

* 박형준, 〈家具의 힘〉 ** 김광석, 〈서른 즈음에〉

저는 어떡해야 하는 거죠?

이렇게 갑자기 문 닫으면 저희는 어떡해요.
수십 년을 이 병원만 다녔는데 저희는 어떡하란 거예요.
진료의뢰서 한 장 발급해 주고 그걸로 끝인가요?
저희는 어떡하란 말이에요.

교수님은 어디로 가세요?
저희 따라가면 안 돼요?
교수님 어디 가는지도 안 알려주면 저희는 어떡해요.
저희는 그냥 이렇게 버려지는 건가요?

이렇게 좋게 고쳐 놓고 뭐 하는 건가요.
그동안 공사는 왜 한 건가요.
그 먼지, 그 소음 다 견디고 교수님 보러 왔었는데,
교수님은 어떡하실 거예요?

그러니까요.
저는 어떡해야 할까요.
저는 어디로 가야 할까요.
저는 어떡해야 하는 거죠?

〈2023.8.9.〉

하나님과의 협업

"싸울 날을 위하여 마병을 예비하거니와 이김은 여호와께 있느니라" (잠언 21:31)

우리는 폐원을 반대하고 있다.
우리는 일방적인 부산 전보의 부당함을 주장하고 있다.
우리는 모든 결정 권한을 가지고 있는 법인과 싸우고 있다.
우리는 달걀을 들고 바위와 싸우고 있다.
우리가 이길 수 있을까?
우리의 억울함이 풀릴 수 있을까?

이김은 하나님께 있다.
그러면 인간인 우리는 아무것도 안 해도 되는가?
하나님께만 매달리기만 하면 되는가?
억울하다고 하소연만 하면 되는가?
이기게 해 달라고 기도만 하면 되는가?
우리 좀 도와달라고 읍소만 하면 되는가?

마병을 준비하는 것은 인간에게 맡기셨다.
하나님께서는 준비된 자를 들어 쓰신다.
우리는 이기기 위해 우리가 할 수 있는 최선을 다해야 한다.
오는 16일로 폐원 결의 효력정지 가처분 소송 심문 기일이 잡혔다.

우리는 하나님과 협업하고 있다.

바위에 부딪혀 깨지고 부서지더라도 다시 깨어나 바위를 넘을 것이다.

〈2023.8.10.〉

법인의 태도 변화

심문 기일이 8월 16일로 확정되었다.
법인에서 갑자기 교직원 면담을 서두른다.
법인의 교직원 전보 원칙도 일부 바뀌었다.

일반 직원에게는 8월 31일까지 퇴직하는 사람에 한해 최대 3천만 원까지 퇴직 위로금을 지급하겠다고 밝혔다. 이전까지는 다른 병원 전보를 받아들이기 어려워 퇴직을 선택하더라도 현금 지원은 절대 없다는 것이 법인의 원칙이었다. 법인의 갑작스러운 퇴직 위로금 제안에 직원 대다수는 황당하다는 반응이다.

계약기간이 남아 있는 비전임 교원에게는 형제 백병원 중에서 옮겨가기 희망하는 병원이 있으면 남은 계약기간을 현재와 같은 계약 조건으로 원하는 병원에서 근무할 수 있도록 선처하겠다고 밝혔다. 물론 8월 31일까지 사직서도 내지 않고, 근무를 원하는 병원도 밝히지 않으면 아무 병원으로나 강제 전출시키겠다는 협박도 잊지 않았다. 이전에 병원 행정부서에서 비전임 교원을 찾아가 남아 있는 계약기간과 상관없이 사직서 제출을 요구했던 것과 비교하면 진일보했으나, 실제로 비전임 교원에게 도움이 되는 제안은 없어 보인다. 지금과 같은 조건으로 다른 형제 백병원으로 옮겨 간다고 해도 계약기간이 만료되면 쫓겨날 게 뻔한데 누가 다른 형제 백병원으로 옮겨가려 하겠는가. 비전임 교원들에게는 남은 계약기간을 현금으로 보상해 주는 것이 적절할 것으로 생각된다.

전임 교원에게도 처음으로 면담 요청 문자를 보냈다. 8월 16일 오후 면담자 10명, 8월 23일 오후 면담자 10명을 선정해서 문자로 알려왔다. 면담 순서는 가나다순으로도 아니고, 연차 순도 아니고, 진료과 별로 배치한 것도 아니었다. 그동안 폐원 반대 목소리를 강하게 낸 교수는 대부분 8월 23일로 배치했다. 내 면담 날짜도 8월 23일로 지정되어 있었다. 교수들에게는 첫 심문 기일인 8월 16일까지는 면담에 응하지 말아 달라고 부탁했다.

가처분 신청이 접수되고, 심문 기일이 잡힌 이후부터 법인의 태도가 약간씩 바뀌고 있다. 이전까지는 일반 직원 전원 부산 발령, 비전임 교원 전원 사직서 제출처럼 강압적인 태도로 일관했다면 지금은 교직원들을 회유하려는 술책을 가미했다. 소송에 대비하여 자신들은 일방적인 부당전보를 강제한 적이 없으며 폐원 후 전보와 관련하여 성실하게 교직원들과 협의하고 있다는 근거 자료를 만들고 싶은 것 같다. 법적 조치가 들어간 이후 보이는 법인의 이러한 태도 변화가 우습다. 교직원들이 법인의 간교한 술책에 넘어가지 않고 굳건히 버텨내야 할 텐데 걱정이다.

오늘 밤에도 별이 바람에 스치운다.*

〈2023.8.11.〉

---

* 윤동주, 〈서시〉

광주에서 온 문자

 모르겠다, 왜 그랬는지. 폐원 이야기가 나온 이후 부모님께 전화하는 횟수가 줄었다. 평소에는 그래도 1주에 한 번은 안부 전화를 드렸었는데 최근 들어서는 2~3주에 한 번이나 전화를 드렸을까? 신경이 온통 병원 문제로 쏠려 있기도 했거니와 나이 든 부모님께 전화를 드려 병원 사정을 밝히기도, 숨기기도 부담스러웠다.

 오늘 오후, 형에게서 문자가 왔다.
 아버지께서 호흡곤란이 심해 전남대병원 응급실에 가셨다고.
 심장 주위에 물이 차고, 대동맥이 박리되어 수술 여부에 대해 상의하고 있다고.

 머리가 멍해졌다.
 그동안 나는 무얼 하며 살았던 걸까?

 KTX 시간표를 검색해서 가장 빠른 기차를 예매했다.
 주말이라 표가 많지 않았다.
 대동맥 박리는 내가 아는 가장 위급한 질환이다.
 고령인 아버지가 견딜 수 있을까?
 마음의 준비를 해야 하나?

 집에서 기차 시간을 기다리고 있는데 형에게서 다시 문자가 왔다.
 대동맥 박리는 심하지 않아 수술하지 않아도 되고, 심장 주위에 고여있던 피를 빼낸 후 아버지 상태가 많이 좋아졌다고.

 KTX를 타고 내려가며 전남대병원 순환기내과에 있는 동기에게 잘 부탁한다고 문자를 남겼다. 내가 대학을 졸업하고 바로 모교를 떠났기 때문에 20년 이상 얼굴 한번 안 본 친구였다. 물론 대학 다닐 때는 친하게 지냈었다. 살면서 연락 한번 안 하다가 이런 일로 연락하기가 민망했지만, 그런 건 중요하지 않았다.

전남대병원 응급실에서 본 아버지의 모습은 피 주머니를 하나 차고 있는 것 외에는 평소와 다르지 않았다. 의식도 명료하고, 상태도 안정돼 보였다. 응급실 오기 전에도 호흡곤란이 심했던 건 아니었다고 하셨다. 밥도 잘 먹고, 잠도 잘 잤다고 하셨다. 서울 일도 바쁠 텐데 뭐 하러 여기까지 왔냐며 나무라셨다. 내과 전공의가 와서 중환자실 입원 동의서를 받고 갔다. 부정맥도 있어서 중환자실에서 며칠 관찰해야 한다고 했다.

어머니께서는 집에 계셨다. 어머니도 건강 상태가 좋지 않아 응급실에 따라갈 수 없었다. 광주 집에 가보니 어머니는 저녁도 거르고 계셨다. 배달앱을 열어 치킨을 배달시켰다. 어머니께서 그래도 몇 점 드셨다. 10시 반 KTX 막차를 타고 올라간다고 했더니 하룻밤도 안 자고 간다고 서운한 기색을 내비치신다. 평소 같으면 다음 날 출근인데 어서 빨리 올라가라고 했을 것이다. 어머니의 불안이 느껴졌다. 아버지 상태가 안 좋으면 긴급휴가라도 내려고 했는데 응급실에 가보니 아버지 상태가 그렇게 나빠 보이지 않아서 올라간다고, 아무 걱정하지 말라고 말씀드렸다.

KTX를 타고 올라가며 여러 가지로 마음이 불편하다.
맨정신인 아버지께서는 중환자실 환경을 잘 버틸 수 있을까?
혼자 계신 어머니께서는 식사 안 거르고 잘 챙겨 드실 수 있을까?

다음날로 계획되어 있는 '승소 기원 커피차 행사'는 잘 진행될 수 있을까?

소송은 어떻게 될까?

8월 말까지 소송 결과가 안 나오면 어떻게 하지?

어떻게 하지?

어떻게 하지?

어떻게…….

지금 병원 일이 중요한 게 아닌데, 아버지 건강이 훨씬 중요한데, 또다시 모든 신경이 병원 일로 쏠리고 있다.

〈2023.8.13.〉

애매한 상태를 견디는 능력

6월 20일, 법인 이사회는 서울백병원 폐원을 의결했다. 법인은 교수들에게 폐원 결정에 대해 그 어떤 설명도 하지 않았다. 어느 기자가 보내준 보도자료를 보고서야 법인의 폐원 결정을 알 수 있었다.

7월 7일, 법인은 병원에 공문을 보내 8월 31일까지 모든 진료를 종료할 것을 통보했다. 법인은 이번에도 교수들에게 진료 종료에 대해 그 어떤 설명도 하지 않았다. 직원노조에서 법인의 진료 종료 통보 사실을 알려줬다.

직원들은 과반 노조가 있기 때문에 법인에서 일어난 일에 대해 설명이라도 듣지만, 교수들은 완전히 법인의 관심밖에 놓여 있다. 교수들에게는 폐원과 관련하여 의견을 낼 기회도, 항의할 기회도 전혀 없다.

직원 간 의사소통에 이용하던 카카오워크에 진료 종료에 대해 항의하는 글을 올렸더니 카카오워크를 사용 종료시켜 버렸다. 병원 그룹웨어 공지사항에 교수협의회 요구사항을 올렸더니 글을 삭제한 후 게시 권한을 박탈해 버렸다. 법인은 교수들의 생각에는 아무런 관심도 없고, 그저 자신들을 귀찮게 하는 존재로 여기는 듯하다.

대학병원 하나를 문 닫는다는 것은 보통 일이 아니다. 폐원의 옳고 그름을 떠나서 폐원하게 되면 많은 부작용이 발생할 수밖에 없다. 발생 가능한 부작용에 대해 가장 잘 아는 사람은 병원에서 환자를 직접 보고 있는 의사들이다. 그렇기 때문에 폐원을 결정하기 전에 현장에서 일하고 있는 의사들의 의견을 듣는 과정이 있어야 하며, 폐원을 결정한 후에도 환자와 지역민들에게 미칠 피해를 최소화하기 위해 의사들의 의견에 귀를 기울여야 한다. 그러나 법인은 단 한 번도 의사들의 의견을 묻지 않았다.

법인은 교직원과 환자들에게 미칠 피해에 대해서는 아무런 관심도 없어 보인다. 자신들이 정해놓은 일정에 맞춰서 폐원을 진행하고자 할 뿐이다. 그 일정 진행에 방해되는 목소리를 내는 교수들은 귀찮은 존재일 뿐이다.

법인이 정해놓은 진료종료일이 이제 17일밖에 남지 않았다. 남은 기간이 짧아질수록 마음이 조급해진다. 아무것도 정해지지 않는 상태를 견디는 것이 쉽지 않다. 애매한 상태를 견디는 것도 능력이다. 아무것도 정해지지 않은 이 애매한 상태를 끝까지 잘 견뎌보려 한다. 마지막 순간까지도 우리의 목소리를 내며 법인을 제대로 귀찮게 만들려 한다.

〈2023.8.14.〉

어떻게든 힘을 낸다

다른 교수들은 가만히 있는데
혼자만 일하는 것 같아요.
이런 말을 자주 듣는다.
이런 말을 듣는 것은 다 내 탓이다.
리더로서의 역량이 부족하기 때문이다.

왜 다른 교수들에게 도움을 구하지 않느냐고?
나 또한 이 일이 부담스럽기 때문이다.
단체방에 글을 올려도 답글 한 번 안다는 교수들,
그들 또한 이 일이 나만큼이나 부담스러우리란 걸 알기 때문이다.
그래서 다른 교수들에게 부담을 지우고 싶지 않다.

그래도 앞에 나서서 힘껏 도와주는 교수들이 또 있다.
우리끼리 있을 때는
너무 힘들다, 이제는 더 이상 못하겠다,
이 일까지만 처리하고 그만두겠다,
말들은 많지만,

막상 그만두는 사람은 없다.
우리가 그만두면 모든 것이 무너져 버릴 거라는 것을 알기 때문이다.
법인의 시간표대로 끌려가게 될 거라는 것을 알기 때문이다.
그래서 다음날이 되면 또다시 모여 일을 논의한다.
어떻게든 힘을 낸다.

〈2023.8.15.〉

폐원일기

서울백병원 마지막 교수협의회장의
폐원 저지 150일 분투기

| 법원 심문 |

4부

법원은 처음이라

오늘 폐원 결의 효력정지 가처분 심문이 있었다.
법원은 난생처음이었다.
죄지은 것도 없이 괜히 주눅 들었다.

판사와 변호사들이 번갈아 발언했다.
방청객인 나는 열심히 들었다.
아는 이야기인데도 모르는 이야기 같았다.
심장이 벌렁거렸다.
입이 바짝바짝 탔다.
안정제 한 알 먹고 올 것 하는 후회가 됐다.

심문 분위기를 보면 대략은 알 줄 알았다.
우리에게 유리한지, 불리한지.
전혀 모르겠다.
역시 난 아무것도 모른다.

추가 자료 제출 기간이 3주 주어졌다.
재판부에서 제출한 자료를 검토해야 하니
또다시 몇 주 흘러갈 것이고,
그러면 9월 말에나 결과가 나올 것이다.

그때까지 우리 직원들이 버틸 수 있을까?
소송은 이기더라도 직원들이 이미 뿔뿔이 흩어진 뒤인 건 아닐까?
출근하면 조바심에 떨고 있는 직원들에게 심문 분위기를 전하고,
뭔가 지침을 줘야 할 텐데 뭐라 해야 할지 걱정이다.

나부터 갈팡질팡 헤매고 있다.

〈2023.8.16.〉

소송 쟁점 브리핑

　우리 측 변호사가 제출한 가처분 신청서와 법인 측 변호사가 제출한 답변서를 출력해서 다시 한번 정독했다. 여덟 가지 쟁점 사항에 대해 양측 주장을 정리했다. 정리하다 보니 우리 측 주장이 더 타당해 보였다. 법인 이사회 폐원 의결은 분명 절차상 하자가 있어 보였다.

　소송에 참여한 교수들을 소집해서 심문 분위기와 함께 여덟 가지 쟁점에 대한 양측 주장을 브리핑했다. 그리고 법인의 전임 교원 면담 요청에 대한 교수들의 단일한 입장을 정했다. 교수들은 개인 면담에 앞서서 법인과 대학의 책임 있는 분이 나와 교수들의 진로에 대한 법인과 대학의 계획을 먼저 설명해 줄 것을 요청하기로 했다.

　직원노조에서는 소송에 참여한 일반직원들을 소집해서 별도의 모임을 가졌다. 나는 특별히 초청되어 쟁점 사항에 대한 양측 주장을 설명해 주기로 했다. 교수들 앞에서 했던 이야기와 같은 내용이다. 반복해서 말하다 보니 내가 하는 말에 대해 좀 더 자신감이 생겼다. 법인에서 정한 진료종료일이 다가옴에 따라 불안에 떨고 있는 직원들의 질문이 이어졌다. 소송 결과가 8월 안에 안 나온다니 더욱 불안하고 답답해졌을 것이다. 그들의 질문에 확신을 가지고 대답하되 그들의 불안을 감싸줘야 한다.

　선택은 결국 개인의 몫이다. 개인마다 어떤 사정이 있는지 우리는 알 수 없다. 자신과 다른 선택을 했다고 하여 서로를 비난해서는 안 된다. 그런 선택을 할 수밖에 없는 그들의 절실한 사정을 받아들여야 한다. 비난이라는 게 한번 시작되면 멈춰지지 않는다. 비난의 화살이 누구를 향할지 모른다. 비난하려면 차라리 우리 전체를 위기로 내몬 법인을 욕해야 한다.

직원 모임을 마치고 직원노조 간부들과 저녁 식사를 했다.
하루가 참 길다.

〈2023.8.17.〉

수련병원 지위 상실

　병원에서 7월 25일에 신청한 '인턴 수련병원 지정 반납'이 대한병원협회에서 8월 17일에 승인됐다고 한다. 이로 인해 서울백병원은 9월 1일부터 수련병원 지위를 상실하게 됐다.

　법인에서는 수련병원 지위가 상실되면 병원 직원들의 사학연금에 문제가 생길 수 있다고 말해왔었다. 사학연금에 문제가 생기기 전에 다른 병원으로의 전보 발령을 승인하라는 거였다.

　직원들은 불안에 휩싸였다. 일시적으로 사학연금 대상에서 빠지는 것은 문제가 되지 않는다. 사학연금에서 대출받은 직원들이 문제다. 사학연금 자격을 잃으면 대출받은 금액을 일시에 상환해야 한다.

　법인은 직원들의 불안을 이용하여 자신들의 원하는 바를 이루고자 한 것이다. 직원들의 고통에 대해서는 아무런 관심도 없었다. 직원들은 법인의 의도대로 한껏 흔들리고 있었다. 직원들의 고통을 알기에 나도 함께 휘청였다.

　흔들리는 직원들에게 아무런 말도 할 수 없었다. 조금만 더 버텨보자는 말도 미안해서 도저히 할 수 없었다. 그 어떤 말도 할 수 없어 나 홀로 침잠에 빠졌다.

〈2023.8.18.〉

아빠의 초록빛과 사랑

아빠, 너무 쓸쓸해 하지 마.
엄마, 너무 허망해 하지 마.

나는 지금 상상을 하고 있어.
시간을 되돌려 아빠를 만나러 가고 있어.

아빠가 세상에 태어났을 때
누군가 아빠 앞에 나타나
앞으로 있을 일을 알려주는 거야.
눈을 감고 상상해 봐.

세상살이가 쉽지는 않을 것이다.
쓴맛, 단맛 다 볼 것인데,
30년 후에 귀인을 만날 것이다.
그가 너의 초록빛과 사랑*이 될 것이다.

그래서 내가 아빠의 아들로 태어났잖아.
내가 아빠의 아들로 태어날 거란 걸 미리 알았다면
아빠의 어린 시절이 조금은 더 즐거웠을까?
아빠의 고뇌가 조금은 더 가벼웠을까?

지금 다시 누군가 아빠 앞에 나타나
다시 한번 앞으로 있을 일을 알려주는 거야.

중환자실을 견디기가 쉽지 않을 것이다.

어려운 고비를 넘길 것인데,
1주일 뒤에 다시 귀인을 만날 것이다.
초록빛과 사랑이 너를 기다리고 있을 것이다.

지난겨울, 함께 간 진도 여행 정말 즐거웠잖아.
맛있는 것도 많이 먹었잖아.
이번 가을, 또다시 함께 놀러 가자.
변산 어때? 내가 미리 예약해 놓을게.

아빠 아들로 태어나 난 너무나 행복했어.
엄마 아들로 살아와 난 너무나 감사했어.
아빠는 어땠어?
지금 말고, 퇴원한 후에 말해줘. 기다릴게.

〈2023.8.19.〉

---

* 황지우, 〈발작〉

마지막 명함

4년 전, 정교수로 승진하며 새로 명함을 팠을 때,
이 명함을 다 쓸 때까지는 병원이 건재하기를 기도했었다.

사실 병원과 집만 왔다 갔다 하는 의대 교수가 명함 쓸 일이 별로 많지 않다.
최근 몇 달 전까지만 해도 명함은 거의 그대로 쌓여 있었다.
나의 기도가 응답 됐다면 병원은 건재해야 했다.

법인에서 통보한 진료종료일이 10여 일 남은 지금,
남은 명함을 세어 보니 10여 장 밖에 남지 않았다.
최근 몇 달 동안
처음 만난 기자들이며, 지역 유력인사들에게
심지어 개인 연락처를 원하는 환자들에게까지
명함을 뿌리며 살았다.
나의 기도가 응답 됐다면 폐원이 얼마 안 남은 셈인가?

이제부터는 새로운 사람을 만나도 명함을 주지 말까?
아니면 믿음으로 명함을 다시 팔까?

하나님,
나의 기도는 응답 됐습니까?

〈2023.8.20.〉

딜레마

법인에서 통보한 진료종료일이 10일 남은 현재, 재원 환자가 4명까지 줄었다. 외래 예약 환자는 수천 명이 남아 있어도 폐원이 가능하다. 중요한 것은 입원 환자다. 입원 환자는 단 한 명만 있어도 폐원이 불가능하다. 입원 중인 환자를 강제로 퇴원시킬 수는 없다.

법인에서 진료종료일로 통보한 8월 31일까지 입원 환자 한 명을, 단 한 명의 입원 환자를 유지할 수 있을까? 마음 같아서는 교수들에게 입원 환자를 퇴원시키지 말고 버텨 달라고 부탁하고 싶지만, 우리의 요구를 관철하기 위해 환자를 볼모로 삼을 수는 없다.

몇 주 전에 찾아뵈었던 중구 보건소 관계자는 교수들이 환자들에게 너무나 빠른 속도로 진료의뢰서를 작성해줘서 교수들이 폐원에 적극적으로 협조하고 있는 줄 알았다고 했다. 이것이 딜레마다. 대부분의 교수가 폐원에 반대하고 있지만, 환자들에게 불이익을 주지 않기 위해 법인에서 정해놓은 일정에 맞춰서 환자를 보내줄 수밖에 없다.

우리가 억울한 것은 억울한 것이고, 폐원 결정이 부당한 것은 부당한 것이고, 아무 죄 없는 환자들이 불이익을 당해서는 안 된다. 교수들의 마음은 다 똑같을 것이다. 법인은 교수들의 이런 선한 마음을 악용한다. 아무리 생각해도 불가능한 시간 안에 진료를 종료하라고 일방적으로 통보한다. 교수들은 이 시간 안에는 도저히 진료 종료가 불가능하다고 입을 모아 말하지만, 한편으로는 그 시간 안에 진료를 보지 못해 불이익당하는 환자가 없도록 안간힘을 쓰며 진료한다. 이것이 딜레마다. 이렇게 하면 폐원이 앞당겨진다는 것을 알면서도 교수들은 그렇게 할 수밖에 없었다.

　이렇게도, 저렇게도 못하는 딜레마 속에서 우리의 억울함은 깊어져 가고 있다.

〈2023.8.21.〉

경선 1위는 인제대 총장이 될 수 없나요?

기자들이 물었다. 인제대학교 총장 경선에서 1위를 차지한 백진경 교수가 실제 총장으로 선출될 수 있을 것 같냐고. 나는 최종적인 총장 선출은 법인 이사회에서 하게 되는데, 현재의 이사회가 백진경 교수를 총장으로 선택할 가능성은 거의 없다고 답했다.

현재의 이사회는 역사와 전통의 가치를 높게 평가하지 않으며, 백인제 박사와 백낙환 박사가 생전에 쌓은 업적을 의도적으로 지우고 있다. 이는 정통성이 없는 이사들이 백인제 박사와 백낙환 박사의 직계 후손의 영향력을 최소화하여 자신들이 장악한 실권을 영구히 하기 위함이다. 인제학원의 모태인 서울백병원을 폐원시키는 것 또한 일종의 역사 지우기로 볼 수 있다. 그런 그들이 백낙환 박사의 차녀인 백진경 교수를 총장으로 뽑겠는가?

예상대로 이사회는 백진경 교수를 총장으로 선출하지 않았고, 총장 선거에서 2위를 한 전민현 교수를 차기 총장으로 선택하였다. 대학 구성원들의 뜻에는 아무런 관심도 없었다. 자기들의 구미에 맞는 사람을 뽑았을 뿐이다. 슬픈 예감은 역시 틀리지 않았다.

기자들은 또 물었다. 평소 서울백병원 폐원의 부당성을 주장한 백진경 교수가 총장이 되면 서울백병원 폐원을 막을 수 있을 것 같냐고. 나는 이 또한 가능성이 크지 않다고 답했다.

우리 대학은 모든 권한이 이사회에 집중되어 있어서 현재로서는 이사회와 의견이 다른 총장이 이사회의 결정에 반하여 자기 뜻을 관철시킬 수단이 거의 없다. 현재 이사회는 대학의 모든 결정 권한을 독점하고 있다. 폭주하는 이사회를 멈춰 세우지 않으면 제2의, 제3의 서울백병원이 또다시 나올 수 있다. 우리 대학과 병원이 살기 위해서는 반드시 이사회를 견제할 방도를 찾아내야 한다. 서울백병원 폐원과 같은 가슴 아픈 사건이 다시는 되풀이되어서는 안 된다.

〈2023.8.22.〉

검진기관 지정취소 신청

내 안에 슬픔이 가득 차 있다.
한바탕 울고 나면 시원해질 것도 같은데 눈물도 나오지 않는다.

오늘 폐원으로 인해 보험공단에 검진기관 지정취소를 신청하겠다는 품의서가 올라왔다. 아직 폐원된 것은 아니기 때문에 폐원을 사유로 검진기관 지정취소를 신청하는 것은 적절하지 않다고 반려시켰다. 사실 8월 초부터 수진자를 받고 있지 않기 때문에 어찌 보면 검진기관 지정취소를 신청하는 것은 당연하다. 그러나 내부적으로 검진센터를 운영하지 않기로 한 것과 행정기관에 다시는 검진기관을 운영하지 않겠다고 다짐하는 것은 완전히 다른 문제다. 가역성에서 너무나 큰 차이가 난다. 품의서를 앞에 두고 한참을 망설였다. 그러면 언제 검진기관 지정을 취소해야 하냐고 묻는 행정직원에게 검진 업무가 어떻게 마무리되었는지 제대로 보고부터 하고 검진기관 지정취소 문제를 꺼내라고 역정을 냈다.

행정직원이 잘못한 것은 하나도 없다.
그는 자기 일을 한 것뿐이다.
괜히 나 혼자 울컥한 것이다.

내일 저녁에는 검진센터 마지막 회식이 예정되어 있다. 평소에는 보통 고깃집에서 회식했지만, 내일은 호텔 뷔페로 예약했다. 내일 같은 날에 술 마시면 실수하는 사람이 있을 수 있다. 내 얘기다. 웬만하면 무알코올로 진행하려고 한다. 맥주 한 잔씩은 괜찮으려나? 건배는 해야 하니까? 호텔 술값이 비싸서 그러는 것만은 아니다.

〈2023.8.23.〉

슬픔+슬픔=?

검진 직원들과의 마지막 회식을 마치고 집으로 돌아가는 길, 015B의 〈이젠 안녕〉을 돌려 들었다.

안녕은 영원한 헤어짐은 아니겠지요
다시 만나기 위한 약속일 거야
함께했던 시간은 이제 추억으로 남기고
서로 가야 할 길 찾아서 떠나야 해요*

톡하고 건드리면 눈물이 쏟아질 것 같았다.
참고 또 참았다.

한편 광주에서 문자가 왔다. 아버지 심낭 삼출액에서 암세포가 발견되어 혈액종양내과 협진 답변을 기다리고 있다고. 지난 주말에 내려가 뵈었을 때만 해도 결핵성 심낭염으로 진단되어 결핵약 복용을 시작했고, 반응 봐서 이번 주 안에는 퇴원할 것처럼 이야기했었다.

아버지께 전화를 드렸더니 밝게 받으신다. 병원에서 검사를 더 하자고 한다며, 아직 퇴원을 못 했다고 하신다. 아버지는 아직 검사 결과를 모르신다. 조금만 더 견디시라고 하고 끊었다.

마음속에 답답함이 가득 찼다. 중환자실은 사람 갈 데가 못 된다며 퇴원일만 기다리셨는데, 원발부위도 밝혀지지 않은 전이암으로 항암치료를 받아야 한다는 말을 들으면 얼마나 실망할 것인가.
'무엇이 최선일까?' 고민에 빠졌다.

〈2023.8.24.〉

---

* 015B, 〈이젠 안녕〉

일산백병원 신입 간호사 모집

일산백병원은 현재 증축공사 중이다. 몇 년 전에 당시 서울백병원 간호 인력 수와 증축공사 이후 추가로 필요한 일산백병원 간호 인력 수가 대략 비슷해서 일산백병원 증축공사 완료 시점에 맞춰서 서울백병원을 정리할 거란 소문이 돈 적이 있었다.

법인 홈페이지에는 어제 날짜로 2024년 일산백병원 신입 간호사 180명을 모집한다는 공고가 올라왔다. 법인에서는 우리 직원 대다수를 부산 지역 병원으로 전보하겠다고 일관되게 말해왔다. 수도권 병원에 남기를 원하는 우리 병원 직원들은 못 받겠다고 하면서 내년 신규 간호사는 대규모로 모집하겠다고 공고를 띄운 거다. 오늘 아침 기사*를 보니 법인 측에서는 일산백병원은 현재 증축 리모델링 공사가 진행 중이라 당장 고용할 수 있는 인원이 많지 않다고 설명했다고 한다. 현재 모집 중인 신입 간호사는 증축공사 완료 후를 대비한 것으로 보인다.

나는 이전부터 밝혀왔다. 병원 경영이 어려우면 병원 문을 닫을 수는 있지만, 폐원으로 인해 받게 될 교직원과 환자의 피해를 최소화하기 위해 법인은 최선을 다해야 한다고. 올해 1년 동안 병원 구성원인 교직원 및 지자체와 충분한 논의를 거쳐 출구전략을 세밀하게 마련하고, 일산백병원 증축공사 완료 시점에 맞춰서 폐원한 후 수도권에 남기를 원하는 교직원들을 일산백병원에 최대한 수용했다면 어땠을까? 그렇게 해도 진통은 있겠지만, 지금과 같은 극심한 혼란은 없을 듯하다.

교직원과 환자의 탄식과 울부짖음을 외면한 채 이렇게까지 급작스럽게 병원 문을 닫으려는 이유는 도대체 무엇일까? 나는 아무리 생각해도 그 이유를 모르겠다.

〈2023.8.25.〉

---

* 뉴스1, 박혜연, 박상휘, 박동해, 〈"자리 없다"라던 일산백병원, 180명 신입 채용 [문 닫는 백병원]〉

전임 교원 대상 간담회

지난 8월 23일 오후 4시 30분에 진료 종료 후 전보 발령 관련하여 전임 교원 대상 간담회가 있었다.

법인에서는 교수들에게 개별 면담을 요청했었다. 면담이 가능한 일정을 알려달라는 메일에는 8월 18일 오후 5시까지 회신하지 않으면 면담에 참여할 의사가 없는 것으로 알고 면담 없이 절차를 진행하겠다는 협박성 글귀가 함께 있었다. 무슨 절차인지는 모르겠지만, 하여튼 절차를 진행하겠다는 거였다. 이에 교수들은 지금까지 교수들의 진로나 처우와 관련하여 법인이나 대학의 책임 있는 분으로부터 그 어떤 설명도 들은 적이 없으니 개별 면담이 아닌 단체 설명회로 진행할 것을 요청했다. 설명회에는 전임 교원 인사에 관여되어 있는 의대학장, 대학 총장, 법인 이사장만 참석하고, 병원장 및 다른 행정직원의 참석은 원치 않는다는 의사를 분명히 밝혔다. 병원장의 참석을 막은 것은 폐원 의결 이후 병원장으로서 해야 할 역할을 전혀 하지 않고 있기에 인제 와서 교수 인사에 관여하는 것에 대해 대부분의 교수가 불쾌감을 나타냈기 때문이다. 법인에서는 이사장의 권한을 위임받은 백대욱 상임이사와 최석진 의대학장이 참석하겠다고 알려왔다.

법인 측에서는 간담회에 참석한 교수들에게 그 어떤 설명 자료도 제공하지 않았다. 추후 일정에 대한 브리핑도 없었다. 교수들이 가장 궁금해하는 '병원별 진료과별 필요인력 현황'조차도 보여주지 않았다. 정리가 아직 덜 돼서 제공해 줄 수 없으며, 각 병원의 병원장들과 조율하고 있다고 하였다. 그날 들은 유일한 정보는 전임 교원 인사는 법인 이사회 의결 대상이기 때문에 9월 19일로 예정되어 있는 다음 이사회 회의에서 최종 결정될 거라는 것과 그래서 전임 교원 전보 발령은 일반 직원들과는 달리 10월 1일에 나게 된다는 거였다.

최석진 학장은 교수들의 의견이나 요청사항을 듣기 위해 이 자리를 마련한 것임을 강조했다. 교수들에게 하고 싶은 말이 있으면 뭐든지 하라고 했다. 교수들이 가장 많이 한 말은 어떻게 6주라는 짧은 시간 안에 진료를 정리하라고 할 수 있느냐는 항의와 아직까지 진료의뢰서조차 받지 못한 환자들에 대한 염려였다. 어떤 교수는 분통을 터뜨렸고, 어떤 교수는 울먹거렸다.

백대욱 상임이사는 자신들이 마음대로 8월 31일을 진료종료일로 정한 것이 아니라고 강조했다. 각 병원의 병원장들이 모이는 경영 회의에서 나온 의견을 정리해서 나온 결론이라고 했다. 그 회의에는 서울백병원장도 참석했기 때문에 서울백병원 교수의 의견도 반영된 거라는 얼토당토않은 말까지 했다. 서울백병원장이 그 회의 자리에서 무슨 이야기를 하고 왔는지는 모르지만, 지금까지 서울백병원장이 서울백병원 교수들에게 서울백병원 진료 종료 관련하여 단 한 차례도 의견을 물은 적도 없고, 제대로 된 안내를 해준 적도 없었다. 그래 놓고 서울백병원 교수의 의견을 반영했다니 분통 터지는 말이었다.

준비가 제대로 안 된 회의가 제대로 진행될 리는 없다. 특별한 결론 없이 회의는 끝이 났다. 법인에서는 내일이라도 당장 두 번째 간담회를 하자고 달려들었다. 교수들은 오늘처럼 자료 준비가 미진하면 다음 회의 또한 오늘처럼 생산성 없이 지지부진하게 끝날 수밖에 없다며 최소한 '병원별 진료과별 필요인력 현황'이라도 사전에 교수들에게 제공해주고, 보내준 자료를 확인한 후에 두 번째 간담회 날짜를 잡겠다고 했다. 최석진 학장은 자신이 생각해도 사전 자료 제공이 필요하다며 교수들의 의견에 동의했다.

간담회 다음날(8월 24일) 오전에 법인 인사노무팀장에게서 전화가 왔다. 1차 간담회에서 서기로 배석한 직원이었다. 8월 25일 오후 4시 30분에 2차 간담회를 하겠다고 했다. '병원별 진료과별 필요인력 현황' 자료를 제공받은 후에 2차 간담회 날짜를 잡기로 하지 않았냐며 항의했다. 지금 각 병원의 병원장들과 협의하고 있는데, 다음 주 수요일은 되어야 정리될 것 같다며, 자료가 정리되기 전이라도 빨리 2차 간담회를 하고 싶다고 했다. 지금까지 조사된 자료라도 정리해서 보내주면 확인 후 교수들과 2차 간담회 일정에 대해 상의해 보겠다고 하고 전화를 끊었다. 하루 전 회의에서 결정된 내용과 완전히 다른 말이었다.

그날 오후 2시 51분, 법인 사무원으로부터 2차 간담회 참석 요청 메일이 왔다. 첨부 자료도 없었다. 1차 간담회에서 자료를 제공한 이후에 교수들과 협의하여 2차 간담회 일정을 잡기로 최석진 학장과 합의한 것에 반하여 일방적으로 2차 간담회 일정을 통보한 것에 대한 항의와 함께 일방적으로 통보한 일정에는 참석할 수 없다는 내용의 답장을 보냈다. 얼마 지나지 않아 최석진 의대학장의 일정으로 인해 회의 시점을 그렇게 잡을 수밖에 없었다며, 회의 전까지는 해당 자료를 보내드릴 테니 2차 간담회에 참석해 달라는 메일이 다시 왔다. 학장만 일정이 있는 것이 아니라 교수들도 각자의 일정이 있기 때문에 학장의 일정만 고려하여 일정을 통보한 것에 대한 불쾌감을 표시하며, 2차 간담회 일정은 해당 자료를 받은 후 교수들과 상의하여 일정을 정해 법인에 알려드리겠다고 재차

답장했다. 그다음 날(8월 25일) 오후 2시 53분, 법인 사무원으로부터 '병원별 진료과별 필요인력 현황' 자료가 메일로 송부되었다. 메일에는 어제 안내했던 일정대로 간담회가 준비되어 있으니 참석해 달라는 내용이 적혀 있었다. 어이가 없어서 이제는 항의 메일조차 보내고 싶지 않았다. 그냥 대응하지 않기로 했다.

폐원 의결 후 교수들에게는 전보 관련하여 단 한 차례도 말을 꺼내지 않던 법인에서 왜 갑자기 이렇게 면담을 서두르는지 모르겠다. 자료도 정리되어 있지 않다면서 무슨 면담을 하겠다는 건지 정말 모르겠다. 소송에 대비하여 교수들과 성실하게 협의하고 있다는 근거 자료를 만들기 위해 면담 횟수를 늘리려는 술책으로밖에 보이지 않는다. 진실성이라고는 전혀 찾아볼 수 없다.

"모든 지킬 만한 것 중에 더욱 네 마음을 지키라 생명의 근원이 이에서 남이니라" (잠언 4:23)

마음을 지키기가 쉽지 않다.
기도가 필요하다.

〈2023.8.26.〉

진료 종료 전 마지막 주말

　법인에서 통보한 진료종료일 전 마지막 주말을 보내고 있다. 지난 금요일에 직원들은 전보 예정 병원을 통보받았다. 발령일은 9월 1일이다. 직원들은 누구나 고민이 깊을 것이다. 긴급 가족회의를 연 직원들도 많을 것이다.

　직원들이 선택할 수 있는 길은 세 가지뿐이다.
1) 법인에서 전보 발령한 병원을 받아들인다.
2) 법인에서 전보 발령한 병원을 거부하고 버틴다.
3) 8월 안에 퇴직한 직원에게만 지급한다는 위로금을 받기 위해서라도 사직한다.

　부산 지역 병원으로 배정된 직원들만 고민이 깊은 것이 아니다. 수도권 병원으로 배정받은 직원들도 고민이 깊다. 수도권 병원 우선 대상자들은 임신 중이거나, 자녀가 어리거나, 배우자 없이 혼자서 자녀를 양육하고 있어 직장과 동료의 배려가 필요한 사람들이다. 가정 여건상 삼교대 근무가 어려워 상근직 근무만 가능한 직원도 많다. 그러나 법인에서는 세밀한 근무 여건은 병원을 옮긴 후에 그 병원에 가서 이야기하라고 하고 있다. 면담 중에 새로 옮겨간 병원에서의 근무 여건에 대해서 문의하면 다른 사람들이 다 가고 싶어 하는 수도권 병원으로 배정해 줬는데 감사하지는 못할망정 왜 이리 불만이 많냐며 다그친다고 한다. 새로 옮겨간 병원에서 기존의 직원들은 제쳐두고 서울백병원에서 새로 옮겨온 직원들을 우선해서 배려할 수 있을까? 병원을 옮긴 후에 근무 여건을 조정하는 것은 거의 불가능에 가깝다. 사정이 이러하기에 수도권으로 배정받은 직원 중에서도 상당수는 사직을 고민하고 있을 것이다.

우리 입장에서는 법인에서 전보 발령한 병원을 거부하고 우리와 함께 끝까지 버텨주는 사람이 많으면 많을수록 좋다. 그러나 이를 강제할 수는 없다. 각자가 처한 형편과 처지가 다르다. 자신과 다른 선택을 했다고 하여 다른 사람의 선택을 비난해서는 안 된다. 모든 사람의 선택을 존중해야 한다.

9월이 되면 발령받은 병원으로 옮겨갈 사람은 옮겨가서 안 보일 것이고, 사직할 사람은 사직해서 안 보일 것이다. 법인의 발령을 거부한 직원들만이 병원에 남게 될 것이다. 법인에서는 남아 있는 직원들을 협박하고 회유하기 위해 온갖 수단을 동원할 것이다. 일개 직원으로서는 버티기가 쉽지 않을 것이다. 정말 쉽지 않을 것이다.

⟨2023.8.27.⟩

10년 후 나는

진료 마지막 주 월요일 출근길
비는 내리고
나는 이문세의 〈옛사랑〉을 들으며
10년 후로 생각 여행을 떠나고 있다.

10년 후면 몇 살이지?
그때 나는 무얼 하고 있을까?
바쁘게 지내다 우연히 찾은 을지로
백병원 자리엔 무엇이 들어서 있을까?

그때도 이문세의 〈옛사랑〉을 듣고 있을까?
그때도 내 맘에 고독이 흘러넘칠까?*
함께 일하던 동료들은 어디에서 무얼 하고 있을까?
그들도 나처럼 가끔은 이곳을 생각할까?

그때가 되면 모든 것이 용서될까?
나쁜 일들은 모두 잊고 좋은 일들만 기억날까?
그때도 지금처럼 가슴에 울분이 사무쳐 있을까?
그때도 지금처럼 남몰래 눈물짓고 있을까?

10년 후 나는 어떤 모습으로 살고 있을까?
어디를 서성이며 방황하고 있을까?
그때가 돼도 나는 이곳을 그리워하고 있을까?
그때가 돼도 이곳에서 환자를 보고 있다면,

그럴 수만 있다면 정말 좋겠네.

〈2023.8.28.〉

---

* 이문세 〈옛사랑〉

다른 병원들도 경영이 어렵다면서

나는 도무지 이해할 수 없다.

서울백병원뿐만 아니라 수도권에 있는 상계백병원과 일산백병원도 경영이 어렵다고 한다. 다른 병원들도 경영이 어려워 만성 적자인 서울백병원을 더는 지원해 줄 수 없고, 폐원 후 서울백병원 직원들도 받을 수 없다고 한다.

의료원 전체 경영이 어려워 병원 문을 닫아야 한다고 치자. 그러면 정상적인 의료원 경영자라면 폐원 후 서울백병원을 떠나야 하는 환자들을 경영이 어렵다는 다른 백병원으로 보내기 위해 노력할 것 같은데 그런 노력을 전혀 하지 않고 있다. 상계백병원과 일산백병원도 경영이 어렵다고 하면서 환자를 끌어갈 노력은 왜 전혀 하지 않는지 정말 이해가 되지 않는다.

병원을 보고 다니는 환자들도 있지만, 의사를 보고 다니는 환자들도 많다. 암 환자 중에는 자신을 수술해준 의사를 구세주처럼 떠받드는 분들도 적지 않다. 환자의 입장에서는 자신을 돌봐준 의사가 어디로 가든지 그 의사를 따라가고 싶어 한다. 그렇다면 의사들을 어느 병원으로 전보할 것인지 결정한 후에 환자들이 담당 의사를 따라 옮겨갈 수 있도록 절차를 밟아가야 할 것 아닌가.

법인은 환자들을 흔들 대로 흔들어 다 내보낸 후에야 진료종료일 2주 앞두고서야 의사들에게 전보 관련하여 면담하자고 보채고 있다. 잘못돼도 한참 잘못됐다. 의사도, 환자도 모두 무시한 처사다. 의료기관 경영자로서 아무런 자격도 없는 사람들이다.

서울백병원에서는 현재 상계백병원이나 일산백병원으로 옮겨가기를 원하는 환자들을 진료협력센터를 통해 바로 연계하여 예약해주는 시스템을 뒤늦게 만들어 환자들에게 편의를 제공하고 있다. 그나마도 법인, 병원장, 교수, 직원노조가 모두 참여했던 협의체 모임에서 내가 건의해서 만들어졌다.

〈2023.8.28.〉

퇴원 승낙서

아버지는 어제 퇴원하셨다. 암 원발부위를 찾기 위해 PET-CT를 찍은 후 보름 만에 집으로 돌아오셨다. 혈액종양내과에서는 심장과 콩팥 기능이 좋지 않아 항암치료가 어렵다고 답을 했다.

아버지는 정신적으로도, 체력적으로도 많이 지쳐 있었다. 항암치료 이야기가 처음 나왔을 때도 나는 일단 퇴원해서 어느 정도 체력을 회복한 후에 항암치료를 시작해야 하는 게 아닌가 생각했었다. 당장은 항암치료가 어렵다는 답변서가 일단은 퇴원해도 좋다는 승낙서 같아서 오히려 반가웠다.

지인을 통해 알아본 바로는 PET-CT에서도 암 원발부위는 보이지 않는다고 한다. 미궁에 빠졌다. 심낭액에서 발견됐다는 암세포는 어디에서 날아온 것일까?

하여튼 아버지는 어젯밤 편안히 잘 주무셨다고 한다. 앞으로의 경과는 알 수 없다. 하지만 아버지는 오늘 아침 평안한 마음으로 하루를 맞이하셨다. 이것만으로도 충분하다. 감사로 충만한 하루가 시작된 것이다. 내일의 고민은 내일에 맡기겠다.

〈2023.8.29.〉

전보 발령에 대한 대응 지침

법인에서 동의서에 서명 안 한 직원들까지 모두 전보 발령을 냈다. 오늘 중으로 전보 발령 공지가 뜰 거라고 예고는 됐었지만, 자신들의 발령지가 공개되고 나니 직원들의 충격이 예상보다 컸다. 누군가 명확한 지침을 줘서 상황을 정리해 주길 바라지만, 누구라서 명확한 지침을 줄 수 있겠는가.

많은 직원이 사직을 고민하고 있었다. 사직을 고민하면서도 누군가 우리가 이길 수 있으니 조금만 더 버티자고 자신들을 붙잡아주길 바랐다. 사직하자니 진 것 같고, 버티자니 자신이 없다. 상황을 이렇게 만든 법인이 원망스럽지만, 자신들의 입장을 제대로 대변해주지 않는 것 같아 노조도 못마땅하다. 직원들의 분노가 어디로 튈지 모르는 상황이었다.

흔들리는 직원들을 위해 다른 교수들과 상의하여 나름의 지침을 만들어 직원들에게 전달했다. 일반 직원들 일에 나서는 것이 월권인 것 같아 웬만하면 안 나서고 싶었는데 직원들이 느끼는 불안과 혼란이 너무 심해 나라도 나설 수밖에 없었다. 내가 만든 지침이 정답은 아니더라도 참고는 할 수 있지 않을까 싶었다. 실제로 직원들에게 조금이라도 도움이 되었길 기도할 뿐이다.

* 법인의 전보 발령에 대한 대응 지침

1. 소송은 무슨 일이 있어도 계속한다.

2. 원하지 않는 곳으로 발령받은 분은 무슨 일이 있어도 절대 서명하지 않는다.
   - 서명하는 순간, 자의로 가는 것이 된다.

3. 원하지 않는 지역으로 발령받은 분인데, 사직하지 않을 분
   1) 해고당할 위험을 감수할 수 있는 분
      - 가지 않고 남아서 소송 결과 나올 때까지 함께 투쟁한다.
   2) 해고는 안 되는 분
      - 일단 내려가서 일하거나, 휴가 처리하면서 소송 결과를 기다린다.

4. 원하는 지역으로 발령받은 분
   - 근무 여건이 맞으면 주변 눈치 보지 말고 옮겨 간다.
   - 소송에서 이겨도 더 좋은 조건을 보장해 주기 어렵다.

5. 원하지 않는 곳으로 발령받은 분은 남아서 투쟁하든, 내려가서 일하든 관계없이 모두 개별적으로 지방노동청에 가서 부당전보를 제소한다.

6. 개인 여건상 사직해야 하는 분은 주변 눈치 보지 않고 사직한다.
   - 사직해도 소송에는 계속 동참한다.

7. 소송에서 이겨 가처분 신청이 인용되면 폐원 의결 전으로 돌려

야 하기 때문에 원대 복귀될 수 있다.
 - 그러나, 본인이 전보나 사직 동의서에 서명하신 분은 원대 복귀되기 어렵다.

무슨 일이 있어도 패배감에 젖지 않았으면 합니다.
우리는 우리가 할 수 있는 최선을 다하고 있는 겁니다.

〈2023.8.29.〉

길, 그런데 봄길

진료 종료 하루 전 출근길,
김윤아의 〈길〉을 듣고 있다.

아무도 가르쳐 주지 않아
이 길이 옳은지 다른 길로 가야 할지
난 저 길 저 끝에 다 다르면 멈추겠지
끝이라며*

가슴이 턱하고 막혀 왔다.
이제 정말 끝인가?

가르쳐줘 내 가려진 두려움
이 길이 끝나면 다른 길이 있는지*

두렵다.
이 길이 끝나도 다른 길이 있을까?

길이 끝나는 곳에서도
길이 있다.**

갈 길을 잃은 나에게
정호승 시인이 답을 해줬다.

길이 끝나는 곳에서도
길이 되는 사람이 있다.**

네가 길이 되어라.

스스로 봄 길이 되어
끝없이 걸어가는 사람이 있다.**

봄길이 되어 끝없이 걸어가라.

사랑이 끝난 곳에서도
사랑으로 남아 있는 사람이 있다.**

사랑이 없다고 좌절하지 마라.
스스로 사랑이 되어라.

스스로 사랑이 되어
한없이 봄 길을 걸어가는 사람이 있다.**

네가 사랑이 되어
네가 먼저 걸어가라.

〈2023.8.30.〉

---

* 김윤아, 〈길〉
** 정호승, 〈봄길〉

옷장 속 희망 하나

진료종료일인 목요일에는 내 외래 진료가 없기에
나는 오늘 하루 일찍 마지막 진료를 마쳤다.

진료를 마친 후,
진료실 PC에 있는 개인 파일들을 모두 지웠다.

그리고,
진료실에 있는 개인 짐들을 모두 연구실로 옮겼다.

그러나,
진료실 옷장에 가운 하나를 남겨뒀다.

소송에 이겨 진료가 재개되면
이 가운을 입고 진료하리라.

진료가 재개될 그날을 기원하며
가운에 주문을 걸었다.

〈2023.8.30.〉

폐원일기

서울백병원 마지막 교수협의회장의
폐원 저지 150일 분투기

| 진료 강제 종료 |

5부

달콤한 노래, 달콤한 말

진료종료일 출근길
문득 달콤한 노래가 듣고 싶어졌다.

사랑의 말
격려의 말
희망의 말
위로의 말
설레는 고백
이런 말들이 하고 싶어졌다.

미움의 말
시비의 말
불만의 말
원망의 말
섬뜩한 저주
이런 말들을 하면서 나도 함께 상처받고 있었다.

오늘 만나는 사람들
마지막일지 모르는 사람들
사랑한다고 말하고 싶다.
그동안 감사했다고.
함께 있어 행복했다고.
또다시 만날 수 있을 거라고.
그날엔 한껏 웃으며 소주 한잔하자고.

〈2023.8.31.〉

서울백병원 진료 강제 종료

2023년 8월 31일, 법인이 일방적으로 통보한 진료종료일이 밝았다. 모든 교직원의 눈에는 눈물이 그렁그렁했다. 아침 일찍부터 기자들의 전화, 문자, 방문이 줄을 이었다. 오래전부터 봐왔던 기자들도 있었지만, 오늘 처음 본 기자들도 있었다. 출근하자마자부터 몇 차례 연이어 인터뷰했더니 벌써 진이 빠졌다.

어제저녁 9시 넘어서 기념사진 촬영 행사가 갑자기 잡혔다. 외과 오행진 교수가 단체 사진 촬영을 제안했고, 이왕 할 거면 일반 직원들도 함께 찍는 것이 좋겠다는 의견이 있었고, 이왕 할 거면 간단하게라도 결의문 낭독을 했으면 좋겠다는 의견이 또 있었다.

미리 조율된 행사가 아니다 보니 아침부터 행사 준비로 분주했다. 직원노조에 방문하여 노조원들에게 공지를 보내 달라고 부탁하고, 친한 직원들에게 문자를 보내 주변 사람들에게 오늘 행사를 전달해 달라고 부탁하고, 커뮤니티 앱에도 글을 올려 기념사진 촬영 행사를 알렸다. 직원들에게 참석을 부탁하니 안 그래도 자신들도 사진 촬영을 제안하고 싶었다며, 어떻게 자신들의 마음을 읽었냐면서 행사를 준비해 준 것에 대해 고마워했다.

어제저녁에 인쇄소에 맡긴 대자보를 찾아서 로비에 붙이고, 사진 촬영 후에 낭독할 결의문을 준비했다. 병원 주차장에 기자들과 카메라가 먼저 진을 치기 시작했다. 12시가 되기 전부터 병원 현관으로 교직원들이 모여들기 시작했다. 어색한 표정으로 단체 사진을 촬영한 후에 영상의학과 김호균 교수와 내분비내과 임경호 교수가 간단히 소회를 밝혔고, 이어서 내가 교직원 대표로 결의문을 낭독했다. 나는 앞에 있어서 몰랐지만, 직원들은 이미 눈물바다였다. 공식행사를 마치고도 직원들은 자리를 못 떠나고 삼삼오오 모여 눈시울을 붉히며 서로를 위로했다. 한쪽 구석에서는 법인 직원들이 사진 찍는 우리 모습을 유심히 지켜보고 있었다.

이렇게 오늘의 공식 일정이 끝났다. 내일부터 외래, 병동, 수술실 등 진료 공간을 폐쇄할 예정이라는 문자가 왔다. 퇴근하며 병원 여기저기를 둘러보며 만나는 직원들에게 마지막 인사를 건넸다. 이렇게 83년 역사의 서울백병원 진료가 강제로 종료되었다.

〈2023.8.31.〉

똑같은 시간에

똑같은 시간에 일어나서
똑같은 시간에 기지개를 켜고
똑같은 시간에 밥을 먹고
똑같은 시간에 샤워를 하고
똑같은 시간에 지하철을 타고
똑같은 시간에 출근한다.

병원에 가도
기다리는 환자가 없는데
반가워해 줄 직원도 없는데
아무런 할 일도 없는데
침묵하고 있을 병원에
여느 때처럼 찾아간다.

어느새 9월, 가을인가?
계절이 바뀐 건가?
시대가 변한 건가?
지난여름, 우리의 심장은 뜨거웠다.
눈가의 눈물은 아직 마르지 않았다.
매미* 소리 여전히 귓가에 쟁쟁하다.

〈2023.9.1.〉

---

* 안도현, 〈사랑〉

익숙한 것과의 결별

　진료 종료 후 출근 첫날, 병원 주차장은 차단기 설치와 폐기물 처리로 분주했다. 병원 현관을 들어가며 마스크를 쓰려다 벗었다. 병원 원무과 앞에서는 몇몇 환자들이 서류 발급을 문의하고 있었다. 어제까지는 벽에 붙어 있던 폐원 철회를 주장하는 대자보들이 이미 떼어지고 없었다.

　2층으로 올라갔다. 9월 1일부터는 외래, 병동, 수술실 등 진료 공간을 폐쇄할 거라 해서 닫혀 있을 줄 알았는데 아직은 열려 있었다. 지금이 이곳에서의 마지막 순간일 수 있겠다는 생각이 들었다. 아무도 없는 진료 공간을 돌아다니며 사진을 찍었다. 모든 것이 그대로인데, 사람만 없었다. 정적만이 흐르고 있었다. 어느 외래 간호사 책상 위엔 〈익숙한 것과의 결별〉이란 제목의 책이 놓여 있었다.

　3층으로 올라갔다. 내가 일하던 검진센터, 불이 꺼져 어두웠다. 우리 직원들은 그 어디에서도 보이지 않았다. 폐기할 서류만이 한 곳에 쌓여 있었다.

　5층 수술실, 그동안에도 거의 들어간 적 없는 공간이다. 앞으로도 여긴 들어갈 일 없겠구나 싶었다.

　6층 병동, 간호사 스테이션 벽에는 '♥~23 0831 ♥행복하자♥' 란 문구가 붙어 있었고, 그 앞에는 풍선 인형 두 개가 나란히 누워 있었다. 전날 자기들끼리 간단히 페어웰 파티를 했나 보다.

　7층 병동, 간호사 스테이션에 반납하지 않은 공용 핸드폰이 할

일 없이 놓여 있었다.

  8층 인공신장실, 간호사실 게시판에는 투석 환자들에게서 받은 감사 편지들이 나란히 꽂혀 있었다.

  11층 병동, 간호사 스테이션 냉장고를 열어보니 먹다 남은 콜라와 과일이 아직도 남아 있었다.

  12층 의무기록실, 많은 직원이 폐기할 자료를 정리하고 있었다. 다들 빨간 목장갑을 끼고 열심히 짐을 나르고 있었다.

  그리고 다시 1층 백인제 박사 기념홀, 백인제 박사님께서 문 닫힌 병원을 말없이 지켜보고 계셨다. 이렇게 문 닫을 거면 왜 나를 여기에 갖다 놨냐고 묻고 있는 듯했다.

〈2023.9.1.〉

그 귀한 마음

나는 지금 어느 오래된 병원을 생각하고 있다.
이 병원 덕분에 나와 내 가족이 오랫동안 밥 먹고 살았다.

이 병원에서 만난 오래된 동료들,
당신들이 있어 이곳에서 보낸 시간이 지루하지 않았어요.

마지막까지 찾아준 오래된 환자들,
당신들이 있어 이곳에서 보낸 시간이 보람됐어요.

앞으로도 오랫동안 함께 할 수 있기를 간절히 바랐지만,
다시 만날 날을 기약할 수 없게 되었지만,

서로를 아끼고, 사랑하고, 응원하던 그 귀한 마음,
그 마음이 우리를 살게 할 거예요.

〈2023.9.2.〉

소 취하하고 오면

　법인에서 직원노조에 소를 취하하고 오면 사직자에게 주는 위로금을 최대 천만 원 올려주겠다고 제안했다고 한다. 이 문제를 논의하기 위해 진료 종료를 한 시간 앞둔 8월 31일 오후 4시에 급하게 노조 총회를 소집했다고 한다. 직원들은 지금까지 뭐 하고 있다가 인제 와서 이런 이야기를 하느냐며 개인 여건 때문에 어쩔 수 없이 사직하지만, 소송은 계속할 것임을 명확히 했다고 한다.

　우리 직원들을 뭐로 알기에 돈 천만 원에 영혼을 팔라고 매수하는 것인지 부아가 났다. 사직자들에게 푼돈 쥐여주고 소 취하하고 나면 원하지 않은 곳으로 쫓겨나 소송 결과만 기다리고 있는 다른 직원들은 어쩌라는 것인가. 그들도 사직하라는 것인가?

　욕지기가 치밀어 올라왔다.

〈2023.9.3.〉

자진 퇴사 당했다

어느 외래 환자가 마지막 진료 보러 와서 자신도 어느 외국계 회사에서 노조 활동을 하고 있는데 사측이 직원 대하는 건 외국계 회사라고 다르지 않다고 했다. 그래서 우리 병원 상황을 너무나 잘 이해하고 있다면서 이런 말을 했다.

사측은 보통 사람들과 다른 식으로 사고해요. 우리는 흔히 2보 전진을 위해 1보 후퇴한다고 하잖아요. 그런데 사측은 1보 전진을 위해 2보 전진하는 사람들이에요. 사측은 일단 2보 앞으로 나가고 봅니다. 직원들이 이렇게는 못 하겠다고 항의하면 양보하는 척하면서 원래부터 원했던 1보로 돌아옵니다. 그렇게 하면 순진한 직원들은 최악의 상황은 피했다며 안도의 한숨을 쉬고, 원래 원했던 목표를 달성한 경영진들은 앞에서는 표정 관리를 하면서도 속으로는 쾌재를 부릅니다.

이 환자분의 말이 우리 병원에도 딱 들어맞는 것 같다. 처음에는 폐원 후 전 직원 부산 전보라며 압박했다가 직원들의 불만이 쇄도하니까 수도권 병원에도 자리를 최대한 만들어 보겠다며 수도권 병원 전보자 비율을 조금씩 올렸다. 현금성 지원도 전혀 없다고 하다가 가처분 소송이 들어간 후에야 8월 31일까지 사직하는 직원에 한하여 약간의 위로금을 제공해주겠다며 회유하기 시작했다.

그렇게 해서 결국 수많은 직원이 사직을 선택했다. 부산 지역 병원으로 전보 발령을 받은 직원뿐 아니라 수도권 병원으로 발령 난 직원들 또한 상당수가 근무 여건에 대한 배려가 없어 결국 사직을 선택할 수밖에 없었다. 수백 명의 직원이 실제 사직서를 제출했음에도 불구하고 법인은 고용승계를 원칙으로 폐원 절차를 진행했으며, 사직은 직원들이 자의로 선택한 결과임을 강조하고 있다. 법인은 자신들이 원하는 바를 100% 이상 달성했다.

그런데 직원들의 사직을 자의로 선택한 것으로 봐야 할까?
사직을 선택하도록 내몰렸다고 보는 것이 오히려 맞지 않을까?
내가 봤을 때 우리 직원들은 자진 퇴사 당했다.

〈2023.9.4.〉

거리 유지

교수가 직원 일에 자주 나서면 안 된다.
어느 정도 거리가 있어야 한다.
그들에게도 별도의 조직과 위계가 있다.
도움을 요청하면 그때 나서면 된다.

직원노조 지휘부와 의견이 다르면 차라리 침묵하는 것이 낫다.
도움을 주고 싶은 선한 마음으로 나섰다 해도 괜한 오해를 살 수 있다.
그들의 조직과 위계를 최대한 존중해야 한다.
말을 하려면 노조 지휘부를 통해 말해야 한다.

그동안 소송도 같이하고 보조를 맞춰서 함께 일하다 보니 지켜야 할 거리를 잊고 지냈다.
너무 자주 나서서 너무 많은 말을 했다.
안타까운 마음에 나선 거지만 참고 또 참았어야 했다.
말을 아끼고 또 아꼈어야 했다.

이제는 거리감을 다시 찾으려 한다.
그들의 조직과 위계를 최대한 지켜주려 한다.
내 생각과 다르더라도 그들의 의견을 존중하려 한다.
도움을 요청하면 세 번 이상 생각하고 신중하게 말하려 한다.

〈2023.9.5.〉

지난 17년을 버렸다

서울백병원은 전문의가 된 후 가진 첫 직장이다.
펠로우 시절부터 지금까지 만 17년을 이곳에서 지냈다.
연구실에는 지난 17년간의 흔적이 쌓여 있다.
다시는 안 들여다볼 줄 알면서도 과거 자료들을 화일박스에 담아 보관했다.
결론이 어떻게 되든 이번 기회에 저 오래된 자료들을 정리해야겠다 싶었다.
그냥 버릴 수 없어 화일박스를 열어 담겨 있는 문서들을 훑어봤다.
그냥 버렸어야 했는데 괜히 열어봤다.

이건 이 병원에 와서 처음 썼던 논문
이건 SCI(Science Citation Index)급 학술지에 처음으로 게재되어 좋아했던 논문
이건 준비만 하다 마무리하지 못해 아쉬웠던 논문
이건 심사위원의 답변서가 왔는데 귀찮아서 아직까지도 수정을 미루고 있는 논문
- 그래도 하던 것은 마무리해야지 하고 다시 집어넣었다.

중요 문구마다 발라져 있는 시뻘건 형광펜 자국
한쪽 귀퉁이에 적어 놓은 질문들
논문 결과를 요약해 붙여 놓은 포스트잇
논문 뒷면에 적혀 있는 지금은 기억도 나지 않는 사람의 이름과 전화번호
- 전화해서 누구시냐고 물어보려다 말았다.

나는 오늘 지난 17년을 버렸다.
오래된 자료들을 버리다 괜히 혼자 울컥한다.
나는 아직도 버리는 것이 쉽지 않다.
아직 못다 버린 것이 훨씬 많다.

〈2023.9.6.〉

외부회의

  오늘은 폐원 말이 나온 이후 처음으로 외부회의에 가는 날이다.
  그동안 바쁘기도 했거니와 병원 일이 거론되는 것이 부담스러워 피하기도 했다.
  진료가 종료된 지금, 남는 것이 시간인데 참석을 거절할 명분이 없다.
  그리고 참석을 피할 이유도 없다.

  어제 나는 미용실에 들러 단정하게 머리를 잘랐다.
  왠지 추레한 모습으로 가면 안 될 것 같았다.
  여느 때와 다름없이 활기찬 모습을 보여줘야 할 것 같았다.
  옷도 나름 깔끔하게 입고 가야 할 것 같았다.

  이런 생각을 하고 있다는 것 자체가 지금 100% 정상은 아니라는 방증이다.
  원래도 나는 차려입고 다니는 사람이 아니었다.
  원래도 나는 외부에서 쾌활하게 말하는 사람이 아니었다.
  그냥 하던 대로 하면 된다.

〈2003.9.7.〉

공간과도 이별

어제 점심시간에는 머리를 자르러 갔다.

중부경찰서 건너편에 있는 컷팅클럽,
이 병원에서 일하면서부터는 줄곧 거기에서 머리를 잘랐다.
최소 15년 이상 이곳을 이용한 셈이다.

스스로 머리를 감으면 구천 원
미용사가 감겨 주면 만 원
이것도 예전보다는 많이 오른 금액이다.

여기에서는 한마디만 하면 된다.
단정하게 잘라주세요.
그 한마디면 충분했다.

문득 오늘이 이곳에서 머리를 자르는 마지막 날일 수 있겠다는 생각이 들었다.
미용실 안을 유심히 살펴봤다.
마지막이라 생각하니 물건 하나하나가 모두 다르게 보였다.

병원을 그만둔다는 것이 병원과만 작별하는 것이 아니었다.
병원에 다니며 이용했던 병원 주변 식당, 카페, 술집, 미용실, 편의점, 약국, 등등
이 모든 공간과도 헤어지는 거였다.

명동, 을지로, 충무로, 남산, 청계천, 종로, 등등

병원 주변을 거닐며 너무나 행복했었다.
이곳에서의 모든 시간이 나에겐 너무나 큰 축복이었다.

〈2023.9.8.〉

부산백병원 발령 예정

지난 수요일(9월 6일) 저녁에 전보 예정지를 메일로 통보받았다. 메일에는 10월 1일 자로 '부산백병원 가정의학과'로 전보 발령을 내겠다고 되어 있었다. 전보 발령을 내는데 개별 교수의 의사와 동의 여부는 전혀 중요하지 않았다.

그동안 전임 교원을 상대로 두 차례의 개별 면담이 진행되었으나, 나는 강요에 의해 일방적으로 정한 면담에는 응할 수 없음을 밝히고 참석하지 않았다. 그러나 다른 교수들의 참석은 막지 않았다.

전보 예정지를 전달받은 교수들은 저마다 생각이 복잡한 듯했다. 부산 지역 병원으로 배정받은 교수들은 더욱이나 생각이 많아 보였다. 밤에 한숨도 못 잤다는 교수도 있었고, 이미 사직으로 마음을 굳힌 교수도 있었다. 이대로 나가는 것은 법인에서 원하는 대로 움직이는 것 같아 그렇게는 못 하겠고, 일단은 내려가서 최대한 버티겠다는 교수도 있었다. 의사 구인·구직 사이트에 처음으로 들어가 봤다는 교수도 있었다. 명의로 명망이 높은 교수님이셨다. 이런 대우를 받을 분이 아닌데, 안타까운 마음이 들었다.

다른 사람 말고 나는 어떻게 할 것인가? 나도 생각이 복잡하다. 하루에도 수십 번씩 생각이 바뀐다. 소송에서 이기면 상황이 바뀔 수도 있겠지만, 그렇다 하더라도 생각은 정리하고 있어야 한다. 서울을 떠나는 것은 전혀 문제 되지 않는다. 내가 은근히 적응력이 괜찮다. 서울 출신이 아닌 나에게는 서울도 어차피 타향일 뿐이다. 서울백병원에도 같은 학교 출신 교수는 단 한 명도 없다. 매이는 것이 없으니 오히려 자유로워 좋다. 문제가 된다면 가족을 떠나 혼자 지내야 한다는 것이다. 애들이 학교에 다니고 있어 가족 전부가 내려가는 것은 불가능하다. 내려가야 한다면 혼자 내려가야 한다.

인생 짧은데 굳이 떨어져 살아야 하나? 구하려고만 하면 다른 직장을 못 구하지는 않을 텐데. 집에 있어도 몇 마디 안 하고 지낼 때도 많은데 굳이 같이 살아야 하나? 떨어져 살다 보면 오히려 서로 간에 애틋해지지 않을까? 두 집 살림하려면 시간과 비용 낭비가 얼마야? 혼자 살다 보면 지금은 서툰 집안일이 익숙해지지 않을까? 혼자서 밥은 챙겨 먹을 수 있겠어? 밥이야 병원 식당에서 해결하면 되잖아. 생각이 정말로 시시각각 변한다.

부산백병원 발령 예정 소식을 전하니 아내의 표정이 어두워진다. 대놓고 말은 못 하고 다른 직장을 구해서라도 내려가지 않았으면 하는 눈치다. 부산에서 구할 집을 '세컨하우스'로 생각하라고 농담을 건넸다. 그걸 말이라고 하냐며 버럭 화를 낸다.

모든 사람에게 묻지는 않았지만, 부산 지역 병원으로 배정받은 교수 중 계속 남아 일할 사람은 많아야 2~3명이다. 시간 차는 있겠지만, 결국 대다수는 사직을 선택할 것으로 보인다. 모두가 그렇게 떠나고 나면 서울백병원 또한 흔적도 없이 모두에게서 잊힐지도 모른다. 누군가는 남아 서울백병원이 존재했음을 상기시키는 화석 역할을 해야 하지 않을까? 서울백병원 출신 교수임을 자랑스럽게 밝히며, 서울백병원 폐원을 반대하는 교수들의 목소리가 있었음을 떳떳이 드러내야 하지 않을까? 나에게 그런 역할이 부여된다면 겸허히 받아들여야 한다.

어느 잠 오지 않는 밤, 네이버 부동산에 들어가 부산 지역 부동산 시세를 검색하고 있었다.
　이게 뭐 하는 짓인가?
　현타*가 왔다.

〈2023.9.10.〉

---

* 현실 자각 타임

먼지 자욱한 연구실

연구실 청소를 안 해준 지 10일이 넘었다.
진료가 종료된 이후 교수 연구실 청소를 뺐다.
연구실에 먼지가 자욱하다.
짐 정리하며 나온 쓰레기가 그대로 있다.
폐지로 팔 수 있는 종이류만 거둬 갔다.
숨만 쉬어도 코가 간질간질하면서 재채기가 난다.
여기 계속 있다가는 폐병 생길 것 같다.
날씨도 더워 앉아만 있어도 땀이 삐질삐질 난다.
창문을 열고 쓰레기통을 비우고 왔다.
그래도 코에서 먼지 냄새가 난다.

〈2023.9.11.〉

아내의 한숨 소리

 어제(9월 12일)로 법원 추가 자료 제출 기간이 종료됐다. 원래는 9월 6일까지 제출하게 되어 있었으나, 법인 측에서 한 차례 제출기한 연장을 신청해서 어제까지 자료를 제출하게 됐다. 먼저는 자료 제출 종료 시점까지 자료를 정리해서 서면화해 법원에 제출해주신 변호사님들께 감사의 말을 전하고 싶다. 평생을 집과 병원 밖에 모르고 지냈기 때문에 법이나 소송에 대해서는 아는 바가 전혀 없는 우리를 데리고 소송을 무사히 진행하게 해준 것만으로도 우리는 너무나 감사하다.

 자료 제출 마감 시한까지도 우리는 우리가 할 수 있는 최선을 다했다. 이제 사법부의 검토와 판단만이 남았다. 우리가 이길 수 있을지는 정말 모르겠다. 어느 기자가 물었다면 법인 측에 절차상의 문제가 확실히 있기 때문에 사법부에서 우리 손을 들어줄 거라고 자신만만하게 대답했을지 모른다. 그러나 사실 난 아무것도 모르겠다. 법에 대해 아무것도 모르는 내가 할 수 있는 최선의 말은 우리는 우리가 할 수 있는 최선을 다했기 때문에 어떤 결과가 나오더라도 사법부의 현명한 판단을 존중하겠다는 말뿐이다.

 소송에서 이기더라도 법인에서 우리 뜻대로 병원을 바로 연다거나, 직원들의 원하는 바를 즉각 들어줄 리는 없기 때문에 이후에 있을 지난한 과정이 부담스럽고, 소송에서 지게 되면 승소 소식만을 기다리며 인내하고 있는 직원들의 얼굴을 볼 면목도 없고, 법인에 오히려 면죄부를 주는 듯하여 너무나 수치스러울 것 같다.

 어제저녁, 몇몇 교직원들과 술을 마셨다. 교수는 나까지 포함하여 모두 4명, 4명 모두 부산 지역 병원으로 전보 예정인 사람들이다. 직원도 모두 4명, 2명은 부산 지역 병원으로 전보되었고, 나머지 2명은 사직했다.

오랜만의 과음, 기분이 가라앉은 상태에서 술을 마셔서 그런지 술이 잘 받지 않았다. 몸이 안 좋았다. 새벽 내내 화장실을 오가며 토했다. 보통 때는 아무리 많이 마셔도 한두 번 토하고 나면 몸이 편해졌는데, 오늘은 여러 차례 토한 후에도 계속해서 구역질이 올라왔다. 병원에 가서 수액이라도 맞아야 하나 고민하는데, 그런데 어느 병원으로 가야 하지? 갈 병원이 떠오르지 않았다.

옆에서 보고 있던 아내가 한 소리 한다.
"이런 식으로 하면 부산으로 혼자 못 보내요. 자기 몸 하나 못 돌보는 사람이 혼자 내려가서 어떡하겠다는 거예요?"
아내의 한숨 소리가 오늘따라 크다.

〈2023.9.13.〉

발전기금 반환 요청

　서울백병원장, 기획실, 경리부에 메일을 보내 그동안 냈던 서울백병원 발전기금 반환을 요청했다.

　2020년 5월, 당시 서울백병원 원장단은 전 교직원들에게 '서울백병원 100년'을 향한 지속 가능한 의료기관 정립의 소중한 밑거름으로 사용하겠다며 서울백병원 발전기금을 모금했었다. 이에 거의 모든 교직원이 발전기금 출연을 약정했다. 교직원들은 자신들이 기탁한 발전기금이 서울백병원의 꿈과 희망의 씨앗이 되기를 기원했다. 원장단은 우리의 소중한 사랑의 손길을 항상 기억하며 모두가 깜짝 놀랄 성취를 이루겠다며 다짐했다. 현 병원장이 당시 기획실장으로 발전기금 모금을 주도했었다.

　나 또한 2020년 5월부터 2023년 6월까지 매달 10만 원씩 발전기금을 냈다. 법인 이사회에서 서울백병원 폐원을 의결한 후에야 발전기금 기부를 멈췄다. 서울백병원을 폐원시킬 줄 알았다면 낼 이유가 없는 돈이었다.

　자신들이 모금할 때 밝혔던 용도대로 사용할 수 없는 상황이 되었기 때문에 교직원들이 기탁한 발전기금은 돌려주는 것이 맞다. 그런데, 법인에서 순순히 돌려주려 할지는 모르겠다. 이것도 받아 내려면 법적으로 다퉈야 하는 건가?

서울백병원장, 기획실장, 경리부장,

1. 귀원의 발전을 기원합니다.

2. 오상훈 원장이 재직하던 2020년에 귀원에서는 '서울백병원 100년'을 향한 지속 가능한 의료기관을 정립하는 데 사용하겠다며 발전기금을 모집하였습니다.

3. 그러나, 발전기금 모집 시 밝힌 내용과 달리 귀원은 서울백병원을 지속 운영하지 않고, 폐원을 결정하였습니다.

4. 이에 본인은 2020년 5월부터 2023년 6월까지 본인이 귀원에 기부한 발전기금 380만 원을 반환해 줄 것을 요청합니다.

5. 감사합니다.

조영규 올림

〈2023.9.15.〉

기사 검색

한동안 아침에 일어나면 포털 사이트에서 '서울백병원'을 검색했다.
우리 입장을 반영한 기사가 위에 뜨면 의욕이 솟았고,
법인에서 배포한 기사가 나오면 짜증이 났다.
댓글은 읽지 않았다.
어차피 법인 댓글부대가 맹활약하고 있을 터였다.

많은 기자가 찾아와 우리 이야기를 들어주었고,
우리의 억울한 사연을 기사로 만들어 주었다.
그 기사를 읽으며 우리는 울고 웃었다.
기자님들의 관심과 도움이 우리에게 큰 힘이 되었습니다.
그 덕분에 우리가 조금이나마 더 버틸 수가 있었습니다.

요즘은 '서울백병원'을 검색해도 새로운 기사가 뜨지 않는다.
기자들도 더 이상 찾아오지 않는다.
사실은 찾아와도 해줄 이야기가 없다.
진료 종료 상태로 멈춰있다.
이대로 잊히는 건 아닌지 두려울 때가 있다.

오늘 아침에도 일어나서 '서울백병원'을 검색한다.
어제 나온 "우리 가게는 노탕후루존입니다" 기사*가 제일 위에 있다.
몸에 좋지 않은 탕후루를 왜들 좋아하는 거야?
염호기 교수님 개원했다는데** 아직까지 가보지 못했네.
이번 주 안에는 시간 내서 잠시라도 들려야겠다.

⟨2023.9.17.⟩

---

* 뉴스1, 조현기, 윤주영, ⟨"우리 가게는 노탕후루존입니다"... '마라탕후루' 열풍의 이면⟩
** 청년의사, 김은영, ⟨폐원 서울백병원 인근 개원한 염호기 원장 "환자들 곁에"⟩

아니,

제가 서 있는 이곳이 사막*입니까?

아니, 네가 있는 그곳은 사막이 아니야.
월급은 나오고 있잖니.

사막도 아닌데 왜 이렇게 힘듭니까?

아니, 너는 아직 힘들지 않아.
더한 환경도 너는 견딜 수 있어.

하나님, 저 좀 돌아봐 주시면 안 됩니까?

아니, 나는 지금껏 항상 네 곁에 있었어.
나를 돌아보지 않은 건 오히려 너야.

제가 이 시험을 이겨낼 수 있을까요?

아니, 네 힘으로 이기는 게 아니야.
내가 너로 하여금 이기게 할 거야.

그러면 당신만 믿고 안심해도 됩니까?

아니, 간절한 마음을 잃어선 안 돼.
나는 너의 그 간절한 마음을 귀하게 여기고 있단다.

〈2023.9.18.〉

---

* 이해인, 〈선인장〉

특별한 시간

무엇이든
마지막일 수 있다고 생각하면
특별한 시간이 된다.

서울백병원 환자와의 마지막 진료
서울백병원에서 작성한 마지막 진료의뢰서
서울백병원 동료와 나눈 마지막 작별 인사
서울백병원 동료와 마신 마지막 소주 한 잔
서울백병원에서 찍은 마지막 기념사진
서울백병원 이름이 찍힌 마지막 명함
서울백병원에서 지낸 마지막 여름
서울백병원 소속으로 참석한 마지막 학회
서울백병원에서 받은 마지막 월급
서울백병원 회생을 위한 마지막 호소
서울백병원에서 흘린 마지막 눈물
서울백병원에서 품은 마지막 희망

올여름,
무척이나 뜨거웠던 올여름
우리는 특별한 시간을 보냈다.

마지막이 아니길 바라고 또 바라지만

〈2023.9.19.〉

폐원일기

서울백병원 마지막 교수협의회장의
폐원 저지 150일 분투기

| 기억 |

6부

막판

막판*이란 말을 수도 없이 들으며 살았다.
이제는 진짜 막판이라고들 했다.
너무 많이 들어서 지겹기만 한 막판을 일상으로 살았다.

진짜 막판은 어떤 모습인지 궁금하여 막판까지 붙어 있기로 했다.
막판 직전의 직전까지도 매달려 있기로 했다.
아무리 흔들고 흔들어도 온 힘을 다해 붙잡고 있기로 했다.

계백 장군은 처자식마저 다 죽이고 마지막 결전에 나섰다.
계백 장군이 져서 백제의 국운이 다한 걸까?
백제의 국운이 다했기에 계백 장군이 진 걸까?

계백 장군은 백제의 국운이 다한 걸 몰랐을까?
그럼에도 불구하고 막판까지 최선을 다하였다.
그럼에도 불구하고 막판이 되었다.

〈2023.9.20.〉

---

* 문보영, 〈막판이 된다는 것〉

부산백병원 근무 결심

오늘 아침에 드디어 '부산백병원 가정의학과'로 최종 전보 발령을 받았다. 최종 전보 발령을 받고 나니 오히려 마음이 편안해졌다. 예비 통보를 받은 이후, 어제까지도 마음 한편에 불안이 있었다. 부산백병원에 내려가 근무를 해야 할지, 아니면 사직하고 다른 직장을 알아봐야 할지 하루에도 수십 번씩 생각이 바뀌었다. 그런데 시간이 지남에 따라 부산백병원에 내려가 근무하는 쪽으로 마음이 조금씩 움직였다. 부산 지역 병원으로 배정받은 교수 대다수가 사직을 고려하고 있는데, 나 하나라도 남아서 서울백병원 폐원을 반대하는 교수들의 목소리가 있었음을 상기시키는 역할을 감당해야 하지 않나 하는 부담감이 생겼다. 그리고 6월 22일에 부산백병원 가정의학과에서 걸려 온 한 통의 전화, 부산백병원의 모든 가정의학과 교수들이 내가 부산백병원으로 와 주기를 바라고 있다는 달콤한 초대와 그 기대에 바로 응답하지 못한 죄송한 마음 또한 부산백병원 근무를 결심하는 데 큰 영향을 미쳤다.

부산백병원 가정의학과에 어떻게 연락해야 할지 한참을 고민하다가 부산백병원으로 내려와 달라는 연락받은 지 세 달 만인 오늘 오후에야 부산백병원에 내려가 근무하겠다고 답장을 보냈다. 가족과 떨어져 혼자 지내야 한다는 것이 부담되지만, 가처분 소송도 진행 중이어서 법인과의 갈등도 계속되고 있지만, 낯선 병원에 적응하는 것 또한 쉽지 않겠지만, 이왕 내려가 일할 바에는 오늘의 결심이 후회로 남지 않도록 최선을 다해 일하려 한다.

몇몇 교수들에게 부산백병원에 내려가 근무하겠다고 밝히니 나의 결정을 도저히 이해할 수 없다는 반응이다. 두 집 살림하려면 주거비, 교통비, 생활용품 구매 비용 등 추가로 들어갈 돈이 많을 텐데 백병원 월급으로 가능하겠냐며 다시 한번 생각해보라고 한다. 나도 그런 고민을 안 해본 것은 아니지만, 이 정도로 흔들릴 결심이었으면 말도 밖으로 꺼내지 않았다. 나도 내 나름의 살아가는 방식이 있다.

〈2023.9.21.〉

각자도생

부모님은 광주에,
나는 부산에,
아내는 안양에,
딸은 서울에,
아들은 자기 방에,
가족 모두 뿔뿔이 흩어지게 됐다.

이제부터는 각자도생이다.

⟨2023.9.22.⟩

미안한 마음뿐

　부산에 내려가기로 결정한 후에 가장 미안한 사람은 가족도, 직원들도 아닌 환자들이다. 많은 환자가 폐원 후 내가 어느 병원으로 옮겨가는지 궁금해했었다. 내가 가는 병원으로 따라가겠다는 환자들도 적지 않았다. 내 외래 환자들만 그런 것이 아니라 다른 교수의 환자들도 마찬가지였다. 아직 정해지지 않아 알려줄 수 없다고 하면, 나중에라도 꼭 알려 달라고 신신당부했었다. 지금으로서는 나중 일을 기약할 수 없으니 일단 진료의뢰서를 받아 가시고 집 근처의 좋은 일차 의료기관을 알아보시도록 안내해 드리면 많이들 서운해했었다.

　7월 초부터 본격적으로 진료의뢰서를 발급해줬기 때문에 대부분의 환자가 그로부터 석 달 뒤인 10월 초부터 다음 진료 일정이 잡힐 것이다. 지금쯤에는 혹시 교수 발령 정보가 공지되었나 병원 홈페이지에 들어가 보거나, 병원에 전화로 문의하는 환자가 있을 것이다. 교수들도 전보 발령이 나면 담당 교수의 발령 정보를 환자들에게 일괄적으로 문자로 안내해 줄 것을 법인에 요청했었기 때문에 언젠가는 내 외래 환자들에게도 내 발령 정보가 전달될 것이다. 나중에라도 따라오고 싶어 했던 내 환자들은 부산으로 내려가게 된 것을 보고 무척 실망할지도 모른다. 나만의 착각일지도 모르지만.

　며칠 전에도 명함을 받아 간 한 외래 환자에게서 연락이 왔다. 부산백병원 발령 예정이라고 말씀드렸더니 상계백병원이나 일산백병원만 되도 따라가려고 했었다며 아쉬움을 표하셨다. 환자들에게는 정말 미안한 마음뿐이다. 끝까지 건강을 돌봐 드리지 못해 죄송한 마음뿐이다. 다른 병원에서라도 좋은 의사 만나 건강 유지 잘 하시길 기도하는 마음뿐이다.

〈2023.9.23.〉

기록 또는 기억

서울백병원 홈페이지가 폐쇄되었다.
백중앙의료원 산하 병원에서 서울백병원이 삭제되었다.

인제대학교 서울백병원 유튜브 채널이 운영 종료되었다.
채널에 업로드되어 있던 콘텐츠들이 모두 사라졌다.

카카오맵에서 서울백병원을 검색하면 상계백병원이 뜬다.
서울백병원 위치를 찾으려면 한참 아래로 내려 '본죽 서울백병원점'을 클릭해 들어가야 한다.

티맵에서 서울백병원을 검색하면 서울백병원 장례식장이 뜬다.
서울백병원 자리에는 이름 없이 건물 모양만 그려져 있다.

진료가 종료되었을 뿐 아직 폐원된 것은 아니지만,
기록이 먼저 사라지고 있다.

기록을 없애는 건 기억을 지우기 위해서다.
나는 기억하기 위해서 기록을 남기고 있다.

⟨2023.9.24.⟩

비전 없는 인력 감축의 결과

본과 3학년쯤이었나? 머리를 자르러 갔는데, 평소에는 빗자루를 들고 청소만 하던 수습생이 가위를 들고 나타났다. 한참을 자르더니 오른쪽이 조금 더 잘렸다며 왼쪽을 더 자르겠다고 했다. 또 한참을 들여다보더니 이번에는 왼쪽이 더 잘렸다며 오른쪽을 더 잘랐다. 몇 번을 이쪽저쪽 자르다가 결국 스포츠머리가 되었다. 이때 평생을 두고 기억해야 할 중요한 교훈 하나를 얻었다.

'빗자루 들던 사람이 가위 들고 나타나면 도망가야 한다.'

우리 병원이 수년간에 걸쳐 계속해서 인력을 감축하다가 결국 폐원에까지 이르게 되는 과정이 이와 비슷하다는 생각이 들었다. 수익에 비해 인력이 많다며 인력을 줄였다. 인력이 주니 수익이 줄었다. 수익이 주니 수익에 비해 여전히 인력이 많았다. 또다시 인력을 줄였다. 인력이 주니 또다시 수익이 줄었다. 수익이 주니 여전히 인력이 많았다. 그러면 또다시 인력을 줄이자고 했다. 계속해서 이렇게 줄이고 줄이다가 폐원에까지 이르게 된 것이다.

우리 병원의 경영 컨설팅을 해줬던 회사의 대표도 병원에서 수익을 창출하는 의사를 내보내는 것은 제일 마지막에나 하는 것이라고 했다. 병원에 대한 비전 없이 인력 감축만 일삼았을 때의 결과가 비참하다. 그때는 스포츠머리라도 되었지만, 지금은 까까머리가 된 셈이다.

우리 병원 경영진 중에도 분명 수습생이 있었다.

〈2023.9.25.〉

본색 또는 진가

어려움에 처하면 사람의 본색이 드러난다.

시절 좋을 때는 모두가 하하 호호 즐겁다.
'사랑한다, 너밖에 없다.'
영혼이라도 내줄 것처럼 말한다.

어려움이 닥치면 자신의 본색을 드러낸다.

저만 살겠다고 위로 붙는 사람
눈치 빠르게 도망가는 사람
말과 행동이 다른 사람

어려움 앞에서 자신의 진가를 보여주는 사람이 있다.

다른 이의 아픔을 외면할 수 없는 사람
그들과 함께 낮은 곳으로 내려가는 사람
두 배 세 배 더 내려가 그들의 뿌리가 되어 주는 사람*

사람의 진가는 어려움 속에서 드러난다.

그라고 살고 싶지 않겠는가.
그라고 도망가고 싶지 않겠는가.
그럼에도 불구하고 묵묵히 자기 자리를 지키는 사람

〈2023.9.26.〉

---

* 도종환, 〈민들레 뿌리〉

마지막 출근

오늘은 서울백병원 마지막 출근일,
생각했던 것과는 달리 덤덤했다.

동료 교수들과
마지막 식사를 하고,
마지막 커피를 마시고,
마지막 담소를 나누고,
마지막 사진을 찍은 후
마지막으로
서로의 안녕을 빌었다.

교수들은
저마다의 차에
마지막 짐을 욱여넣은 후
각자의 곳으로 떠났다.

교수들이 떠난 자리에는
어느 낯선 직원이
보안장비를 설치하고 있었다.

내일부터는
보안요원의 허락 없이는
연구실에 들어갈 수 없다.

날이 흐려서인지

뒤로 보이는 서울백병원 건물이
더욱 쓸쓸해 보였다.

〈2023.9.27.〉

병원에 있는 사람들

병원에는 누가 있을까?
의사, 환자, 간호사?
이들만 있어서는 병원이 아니다.

병원에는
물건 고치는 사람이 있다.
청소하는 사람이 있다.
밥하는 사람이 있다.
주차하는 사람이 있다.
돈 받는 사람이 있다.
보험 청구하는 사람이 있다.
데이터 정리하는 사람이 있다.
전화 안내하는 사람이 있다.
이 외에도 수많은 사람이 있다.

의사가 병원에서 일하는 것은
이 수많은 사람이 함께 있기 때문이다.
환자가 병원에서 치료받는 것은
이 수많은 사람이 함께 돕고 있기 때문이다.

눈에 보이는 의사만이 병원이 아니다.
이 모든 사람이 합쳐져야 병원이 된다.
병원에 의사보다 더 많은 이 사람들에 대해 알아야 한다.
병원에 의사보다 더 많은 이 사람들을 귀하게 여겨야 한다.

〈2023.9.28.〉

오랜 동료들을 기억하며

작년 2월, 간호부장을 비롯한 많은 직원이 조기퇴직 했다.
내가 몸담은 건강증진센터의 파트장도, 선임간호사도 모두 떠났다.
병원의 역사와 전통을 아는 오랜 동료들을 떠나보내는 것이 안타까웠다.
'그들 없이 병원을 이어갈 수 있을까?'

조기퇴직 하는 파트장들에게 짧은 글을 남겼었다.
오늘따라 그분들 생각이 난다.

〈2023.9.29.〉

조기퇴직 하는 선생님들을 생각하며,

그동안 많이 기대고, 많이 의지하며 살았습니다.
떠나보내려니 아쉬운 기억만 가득합니다.

선생님들이 없는 병원을 어떻게 지켜낼 수 있을지 답답한 심경입니다만, 어떻게든 버텨보겠습니다.
먼 훗날 함께 모여 추억할 곳 하나는 있어야죠.

미래의 일을 장담할 수 없습니다만, 저로서의 최선을 다하겠습니다.
선생님들도 어디서든 건강하시고, 모자란 이 병원을 응원해 주세요.

그러면 코로나19 없는 세상에서 삼겹살에 소주 한잔하기로 해요.
그동안 감사했습니다.

2022.2.24.
조영규

검진 편애

 검진은 7시 30분에 시작한다. 8시 30분에 시작하는 다른 외래 진료보다 1시간 먼저 시작한다. 우리 병원에는 검진 수진자만을 위한 별도의 시설과 장비가 부족하다. 많은 시설과 장비를 외래 환자와 공유해야 한다. 검진을 원활하게 돌리기 위해서는 외래 환자가 검사실로 내려오기 전에 검사 진도가 어느 정도 나가 있어야 한다. 검진 수진자와 외래 환자가 섞이기 시작하면 답이 안 나온다. 검진을 빨리 시작하기 위해서는 검진 직원들이 일찍 출근해야 한다. 검진 직원들은 다른 외래 직원들보다 30분 이상 먼저 출근한다. 7시 15분이면 대부분의 검진 직원들이 출근해 있다.

 외래가 한창 바쁜 10시 30분에 병원 윗분들이 라운딩 오면 검진센터 홀은 한산하다. 아침햇살이 반짝이는 검진센터가 우아해 보인다. 검진센터는 이미 한바탕 전쟁을 치른 뒤다. 상당수의 수진자는 이미 검진을 마치고 집으로 돌아갔고, 남아 있는 수진자들도 각 검사실로 흩어져 있다. 라운딩 오신 분께서 한마디하고 지나간다. "오늘도 환자가 많진 않네요."

 오후에 라운딩 오면 검진센터는 더욱 한가하다. 대부분의 검사가 오전에 진행되기 때문이다. 직원들도 어디에 있는지 잘 보이지 않는다. 직원들은 어디로 갔을까? 다들 각자의 공간에서 자신의 업무에 열중하고 있다. 오전에 시행한 검사 결과도 정리해야 하고, 결과지도 만들어 수진자들에게 보내야 하고, 검진 결과에 대해 전화 응대도 해야 하고, 건강보험공단과 사업장에서 원하는 자료도 만들어 보내야 돈을 받을 수 있다. 이외에도 숨어 있는 업무가 정말 많다. 검진을 잘 모르는 사람은 오전에 검사 진행하는 것만이 검진 업무의 전부라고 생각한다. 그러나 검진 직원들은 검사가 끝난 후에 오히려 더 바쁘다. 엄청난 양의 문서 작업과 행정 업무에 시달려야 한다. 같은 건물에서 일하는 병원 직원이라도 검진에서 직접 일해 보기 전까지는 검진 업무에 대해 이해하기가 쉽지 않다.

검진 직원들은 병원의 다른 상근직보다 30분 일찍 출근하기 때문에 30분 더 일찍 퇴근해야 할 것 같지만, 실제로는 그렇지 않다. 다음날 진행할 검사와 검진 상담을 준비하다 보면 어느새 퇴근 시간인 5시가 훌쩍 넘어간다. 1~2시간씩 초과근무 하는 경우가 비일비재하다. 그러나 초과근무 수당 받는 것도 쉽지 않다. 다른 외래 간호사들은 일반적으로 담당 교수 진료가 늦게 끝나서 초과근무가 발생하지만, 검진 간호사들은 다음날 원활한 검진 진행을 위해 스스로 초과근무를 선택한다. 외래 간호사들은 초과근무 사유로 담당 교수 핑계를 대지만, 검진 간호사들은 핑계 댈 사람이 없다. 그래서 포기하는 경우가 대부분이다. 초과근무가 발생하지 않도록 검진 인력을 보강하고, 어쩔 수 없이 초과근무가 발생하면 눈치 보지 않고 초과근무 수당을 신청할 수 있는 시스템을 만들기 위해 여기저기 읍소를 하고 다녔지만, 인력 보강도, 시스템 개선도 생각같이 쉽지 않았다. 결정권 있는 사람들의 인식 개선이 먼저였다. 검진 직원들만 편애한다는 핀잔을 듣는 경우도 많았다. 그런데, 검진 담당 교수가 검진 직원들을 편애하는 것도 죄가 되나?

우리 검진 직원들은 열악한 환경 속에서도 정말 열심히 일했다. 이런 성실한 직원들과 함께 일해 온 지난 시간이 나에겐 너무나 큰 축복이었다. 이런 좋은 사람들과 함께 일할 수 있는 시간이 다했다는 것이 나에겐 너무나 큰 아픔이다.

〈2023.9.30.〉

OnGod 건강뉴스 읽어주기

서울백병원 홍보실에서는 온라인 의학강좌 동영상을 매달 한 편씩 촬영해 '서울백선생 TV'라는 이름으로 서울백병원 유튜브 채널에 올렸었다. 교수들이 자진해서 참여하면 좋은데 자원하는 교수가 많지 않았다. 홍보실 직원이 교수 섭외하는 것을 많이 어려워했다. 작년에 '서울백선생 TV'에 가장 많이 출연한 교수는 나였다. 강의 주제는 '롱코비드', '생활습관병', '건강검진' 등 다양했다. 강의 자료 준비하고, 동영상 촬영하는 것이 귀찮기는 했지만, 병원 홍보에 도움이 된다면 그 정도 수고는 언제라도 할 수 있었다.

올해 3월에 홍보실 직원이 또다시 강의를 부탁하러 왔다. 매달 강사 구하는 것도 쉽지 않고, 내가 이렇게 자주 강의해야 한다면 차라리 내가 평소에 구상하고 있던 콘텐츠로 동영상을 만들어 보는 것은 어떻겠냐고 내가 제안했다. 그렇게 해서 만들어진 것이 '조영규 교수의 OnGod 건강뉴스 읽어주기'*다.

건강정보 홍수 시대에 살고 있다. 인터넷에 들어가면 온갖 건강정보들이 난무하고 있다. 서로 상충되는 내용도 많아 일반인들은 진실이 무엇인지 알기 어렵다. 포털 사이트에는 매일 수십 편 이상의 건강뉴스가 올라온다. 그런데 진실을 알려야 하는 건강뉴스들도 독자의 선택을 받기 위해 과장된 문구나 오해를 살만한 표현을 포함하는 경우가 적지 않다. 잘못 받아들인 건강정보는 독자들의 건강을 상하게 할 수 있다. 그렇기 때문에 건강뉴스도 반드시 비판적으로 읽어야 한다. 그러나 의학 지식이 많지 않은 일반인이 건강뉴스를 비판적으로 읽는다는 것이 그렇게 쉽지는 않다. 그래서 나는 오래전부터 기회가 된다면 잘못된 정보를 포함하고 있는 건강뉴스를 소재로 하여 건강뉴스를 비판적으로 바르게 읽어주는 유튜브 채널을 하나 만드는 것도 괜찮겠다고 생각했었다.

　지난 3월 23일에 '술, 1급 발암물질?'이란 제목으로 첫 동영상을 촬영했고, 이후 매달 두 편씩 촬영했다. 7월 13일에 올린 '골다공증 약 쓰다 말다 쓰다 말다'가 서울백병원에서 찍은 마지막 동영상이 될 것 같다. 지금까지 총 여덟 편의 동영상을 유튜브에 올렸다. 보는 사람이 많진 않았지만, 그냥 내가 재밌어서 만들었다. 내가 혼자서 유튜브 콘텐츠를 만들 능력은 안 되지만, 법인의 결정대로 서울백병원이 문을 닫게 되고, 내가 서울백병원을 떠나게 되더라도 기회가 된다면 나중에라도 이런 주제의 콘텐츠를 다시 한번 만들어 보고 싶다.

　내가 원래 카메라 울렁증이 정말 심한 사람인데, 그동안 매달 두 번씩 카메라 앞에서 유튜브 동영상을 촬영했던 것이 요즘 기자들 만나 인터뷰하고, TV 뉴스 프로그램에 출연해 카메라 앞에서 말하는 데 큰 도움이 되었다.

〈2023.10.1.〉

---

* https://www.youtube.com/@OnGodClinic

임상연구 계속 진행할 수 있어요?

진료 종료 3일 전인 8월 28일 임상시험심사위원회(Institutional Review Board, 이하 IRB) 간사에게서 전화가 왔다. 내가 진행하고 있는 임상연구를 앞으로도 계속할 수 있는지 확인해 달라는 거였다. 법인 변호사의 요청이라고 했다. 갑자기 폐원하게 되면 임상연구에 피해가 발생한다고 이전부터 여러 차례 문제를 제기했었다. 알아서 해결하라는 건지 연구자에게 아무런 연락 없다가 진료 종료 3일 전에 갑자기 임상연구 지속 가능 여부를 문의해 온 것이다. 환자를 대상으로 하는 임상연구를 진료가 종료된 후에 진행할 수 없다는 것은 비의료인이라도 당연히 알 텐데 나한테 이런 질문을 왜 한 것인지 고민이 됐다. 대답을 잘못하면 왠지 함정에 빠질 것 같은 불길한 기분이 들었다. 고민해 보고 답을 주겠다고 말하고 전화를 끊었다.

나는 어느 업체의 의뢰로 어느 건강기능식품의 체지방 감량 효과를 검증하는 12주 임상연구를 진행했다. 작년 11월부터 준비해서 올해 5월에 시작한 연구였다. 연구대상자는 100명 예정이었고, 총연구비는 2억 2천만 원이었다. 5월 31일 열린 TFT 회의 이후 폐원 관련 기사가 쏟아져 나왔다. 폐원 기사를 접한 의뢰업체는 당황해서 연구를 어떻게 해야 할지 문의를 했다. 그런데 아직 폐원이 결정된 것도 아니고, 법인이나 병원 운영진에서 내린 아무런 지침도 없어서 내 임의로 연구를 중단할 수도 없었다. 6월 20일 법인 이사회에서 폐원이 의결됐다. 의뢰업체와 만나 그때까지 등록된 20명의 대상자까지만 연구를 진행하고, 조기 종료하기로 했다. 7월 7일에 법인에서 병원에 공문을 보내 8월 31일까지 진료 종료할 것을 통보했다. 9월 1일부터는 환자를 볼 수 없게 되어 등록된 대상자 중 대다수가 12주 연구 기간을 마칠 수 없는 상황이 되었다. 결국 의뢰업체와 협의하여 20명의 대상자를 모두 탈락 처리하고 연구를 중단하기로 했다. 힘들게 준비했던 연구가 그렇게 끝났다. 그동안 본원에서 수행한 연구 데이터는 전혀 쓸 수 없게 되었다. 의뢰업체에서 해당 건강기능식품을 개발하려면 다른 연구자를 만나 처음부터 다시 시작해야 한다. 의뢰업체가 받은 시간적, 물질적, 정신적 손해가 막대했다. 의뢰업체에서 기지급된 계약금 전액과 법정이자를 8월 31일까지 반납해 줄 것을 병원에 요청했다.

이런 상황에서 나에게 이 임상연구를 계속할 수 있는지 확인해 달라고 요청한 것이다. 고심 끝에 IRB 간사에게 아래와 같이 답을 보내 법인 측에 전달해 줄 것을 부탁했다. 이후 어떻게 진행되었는지 나는 모른다. 나를 믿고 임상연구를 맡긴 업체 담당자들에게 너무나 미안하고 죄송하여 도저히 먼저 연락할 수가 없었다. 나 또한 당분간은 그 어떤 임상연구도 맡아 진행하기 어려울 것 같다.

〈2023. 10. 2.〉

법인에서 8월 31일 자로 서울백병원 진료 종료를 결정하지 않았다면 아무 문제 없이 해당 연구를 진행할 수 있었을 것으로 생각되나, 현재는 법인에 의한 진료 종료 결정으로 인해 해당 연구 수행이 어려워진바, 해당 연구 중단의 귀책 사유는 법인에 있음을 명확히 합니다.

진료 종료로 인해 임상연구 수행에 어려움이 발생할 수 있으며, 제품 개발을 위해 본원에 임상연구를 의뢰한 업체에 피해가 발생할 수 있음은 이전에도 몇 차례 문제 제기한 바 있었으나, 지금까지 법인에서는 임상연구를 수행하는 연구자와 의뢰업체의 피해를 최소화하기 위한 그 어떤 조치도 취하지 않았습니다. 심지어 연구자에게는 단 한 번도 연락을 취한 바가 없었습니다. 거의 방치했다고 볼 수 있습니다.

본 연구에는 그동안 20명의 대상자가 참여했으나, 진료 종료로 인해 연구를 더 이상 진행할 수 없어 이미 전원 탈락 처리해 그동안 본원에서 수행한 연구 자료는 전혀 쓸 수 없는 지경에 이르렀습니다. 이에 따라 연구자와 의뢰업체가 받은 시간적, 물질적, 정신적 손해가 막대합니다. 그들의 피해를 복구하기 위한 최선의 노력을 기울여 주실 것을 법인에 요청드립니다.

대자보 1

　서울백병원 교수협의회 이름으로 붙은 대자보 초안은 모두 내가 직접 작성했다. 이런 유의 글을 쓰는 것이 처음이다 보니 너무나 조심스러웠다. 그런다고 다른 교수에게 시킬 수도 없었다. 내 책임하에 나가는 글이니 내가 직접 쓰는 수밖에 없었다. 이전에 썼던 문안을 꺼내 읽으니 당시의 상황과 감정이 다시 새록새록 떠오른다.

　5월 31일, 서울백병원 경영정상화 TFT 회의에서 서울백병원 폐원 안을 법인 이사회에 상정하기로 결정했다. 이틀 뒤인 6월 2일 오후에 병원장이 기획실을 통해 교직원들에게 메일을 보내 이 사실을 알렸다. 이 메일을 받은 교직원들은 불안에 떨었지만, 혹여 이 말이 새어 나가면 병원을 찾는 환자들에게 영향이 갈까 봐 속으로만 끙끙댔었다. 그런데 주말이 지난 6월 5일 아침부터 미리 준비되었다는 듯이 서울백병원 폐원 관련 기사가 터져 나오기 시작했다. 그 이후 교직원들은 병원 문 닫으면 어떻게 해야 하느냐는 수백 통의 민원전화에 시달렸다. 언론을 이용해서 환자들을 불안하게 하고, 교직원들을 흔드는 법인의 행태를 보고는 이대로 가만히 있을 수 없어서 교수협의회 이름으로 서울백병원 폐원 결정 철회를 요구하는 성명서를 발표하기로 했다.

〈2023.10.3.〉

서울백병원 폐원 결정 철회를 요구한다

서울백병원 폐원 안을 법인 이사회에 상정하겠다는 서울백병원 경영정상화 TFT의 결정과 이에 대해 서울백병원 교직원들에게 그 어떤 설명도 하지 않은 채 폐원이 기정사실인 것처럼 언론을 통해 보도한 법인의 행태를 보며 서울백병원 교수들은 통탄을 금치 않을 수 없다.

서울백병원은 83년 역사의 인제학원 백중앙의료원의 모체로 서울백병원 교직원들의 헌신과 노력을 기반으로 5개 백병원이 설립되었다. 병원이 발전·성장하기 위해서는 재투자가 필요하나 서울백병원의 자산과 수익은 서울백병원에 재투자되지 않고, 형제 병원의 건립과 법인 운영을 위해 사용되었다. 서울백병원 교직원들은 어려운 여건 속에서도 최선을 다해 묵묵히 일했으나, 법인에서는 서울백병원 적자의 책임을 서울백병원 교직원들에게 돌리며, 병원을 되살리기 위한 그 어떤 대책도 내놓지 않고, 인력 감축만을 끊임없이 요구하였다.

2021년 현 병원장이 부임하면서 법인의 요구대로 레지던트 수련병원 포기, 응급센터 축소, 대규모 인력 감축, 공간 리모델링을 시행하였고, 이를 받아들이면 월 10억 정도의 적자 규모는 모태 병원의 상징성을 고려해 감수하고 병원을 유지하겠다고 의료원장이 밝혔으나, 공간 리모델링이 완료되어 그동안 준비했던 병원 활성화 방안을 시도조차 하기 전에 법인에서는 폐원을 위한 절차에 들어갔다. 이는 서울백병원 교직원들을 우롱한 처사로밖에 볼 수 없다.

법인에서는 서울백병원 교직원 전원을 형제 병원으로 고용 승계하겠다고 생색내듯 말하고 있으나, 전환 배치가 가능한 수도권 내 상계백병원과 일산백병원은 최근 경영이 악화되고 있어 서울백병원 교직원을 받아들일 여력이 있는지 의문이다. 교직원의 동의 없이 생활권이 다른 부산 지역 병원으로 전출하는 것은 도저히 묵과할 수 없는 교직원 탄압 행위이다.

서울백병원은 일제강점기 선각자였던 백인제 박사가 1941년 '백인제외과병원' 이름으로 문을 연 이래 지난 83년 동안 서울의 중심부에서 수없이 많은 환자를 치료해 온 병원이다. 현재 서울시 중구의 유일한 대학병원으로 코로나19 팬데믹 시국에서도 서울백병원 교직원들은 지역민들의 건강 파수꾼 역할을 온전히 담당했다. 코로나19 팬데믹과 같은 공중보건 비상사태는 언제든 다시 발생할 수 있으며, 지금도 응급 환자를 이송할 병상이 부족하여 지역민들의 건강을 위협하고 있다. 이런 상황 속에서 서울백병원의 폐원이 지역민들의 건강에 미치는 영향이 작다고 할 수 없다. '인술로써 세상을 구한다'라는 仁術濟世(인술제세)의 백병원 설립이념을 기억한다면 지역사회의 유일한 대학병원인 서울백병원을 경제적인 논리만으로 폐원하는 것은 적절치 않다.

이에 서울백병원 교수들은 서울백병원 폐원 안을 이사회에 상정하겠다는 TFT 결정을 취하하고, 서울백병원 회생과 발전을 위한 대책을 마련하여 서울백병원 교직원들과 대화하기를 요구하는 바이다.

2023년 6월 8일
서울백병원 교수협의회

서신

　법인 이사회 하루 전인 지난 6월 19일, 직원노조에서는 병원 앞에서 폐원 철회를 촉구하는 기자회견을 했다. 나는 지지 발언 준비를 부탁받았다. 그러나, 같은 시간에 지역 국회의원을 만나기로 이미 선약이 잡혀 있어서 부득불 참석하지 못하고 서신을 통해 마음만 전했다.

　이사회가 끝난 후에는 폐원 철회 결정이 내려져서 이런저런 고민 없이 환자 보는 일에만 집중하고 있기를 바랐었는데, 실제로는 대자보를 작성하고, 소송 준비하는 일만 하고 다녔다. 그러나, 그 시간에 대한 후회는 없다. 동료 직원과 환자를 지키기 위해 내가 할 수 있는 최선을 다한 시간이었다.

〈2023.10.4.〉

교수협의회장 서신

　안녕하세요.
　서울백병원 교수협의회장 조영규입니다. 아니, 여러분의 동료 조영규입니다.

　저는 요즘 가방 속에 신경안정제를 넣어 다니고 있습니다. 가끔 이런 생각이 듭니다. 약까지 먹어가면서 지금 뭐 하고 있는 것인가? 무엇을 지키기 위해 앞장서고 있는 것인가?

1년 전 이맘때, 저는 아홉 세션 진료를 했습니다. 가정의학과 외래, 검진 예진/상담, 코로나 후유증 클리닉, 생활습관병 클리닉... 전공의와 동료 교수들이 떠난 자리를 온 힘을 다해 메꿨습니다. 그때도 그런 생각을 했습니다. 무슨 영화를 보겠다고 이러고 있는 거지? 무엇을 지키기 위해 이렇게 쫓기듯 진료하고 있는 거지?

답은 쉬웠습니다.
'서울백병원'

제가 말하는 서울백병원은 이 병원 건물을 말하는 것이 아닙니다. 이 건물 안에서 함께 일해 온 동료 직원들과 저희를 믿고 찾아와 자신의 몸을 맡긴 환자들을 말하는 것입니다. 제가 지금 온 힘을 다해 진료하고 있는 것도, 약을 먹어가면서까지 교수협의회장의 역할에 최선을 다하고 있는 것도 모두 동료 직원들과 환자들을 지키기 위해서입니다.

요즘 김동민 지부장과 회의를 할 때가 종종 있습니다. 김동민 지부장은 얼굴이 시뻘게져 가면서 분통을 터뜨리며 말합니다. 심근경색 병력이 있다는 그의 건강이 걱정됩니다. 그의 건강을 지켜주고 싶습니다. 그가 밝게 웃는 얼굴을 보고 싶습니다.

지부장의 얼굴에서 직원들의 마음을 읽습니다. 갑자기 들려온 폐원 소식에 얼마나 마음이 상했을까. 불안과 염려와 분노... 그러면서도 환자들에게 영향이 갈까 봐 속으로만 끙끙댔을 그 마음. 저는 직원들의 상한 마음을 안아주고 싶습니다. 어떻게든 그들의 직장과 생계를 지켜주고 싶습니다.

내일이 폐원 여부가 결정되는 이사회 날입니다. 이사회 결정까지 이제 하루 남았습니다. 그동안 저희는, 교수협의회는 교수협의회대로,

직원노조는 직원노조대로 폐원 결정을 막기 위해 최선을 다했습니다. 처음에는 법인에서 이번에는 병원 문을 닫으려고 제대로 작정했구나 하는 낙담이 강했지만, 지금은 확신까지는 아니어도 이사회에서 폐원 결정을 유보할 수도 있겠다는 희망이 더 강합니다. 이는 강압적으로 병원 문을 닫으려는 법인에 전 교직원이 합심해서 대항했기 때문입니다. 이제 하루 남았습니다. 마지막 순간까지 최선을 다했으면 합니다.

열렬히 싸운다고 승리가 보장되는 건 아니지만, 싸우지 않으면 이미 패배한 것입니다. 저는 승리를 자신해서 싸우는 것이 아닙니다. 혹여 패배하게 되더라도 오늘의 시간에 비겁해지고 싶지 않아서 싸우고 있는 것입니다. 약을 먹으면서까지라도 동료 직원들과 환자들을 지키기 위해 최선을 다하겠습니다.

오늘 기자회견에 직접 참여하여 힘을 보탰어야 하는데, 같은 시간에 이사회의 폐원 철회 결정에 영향을 줄 수도 있는 지역 유력인사와 만나기로 선약이 미리 잡혀 있어서 부득불 참석하지 못하고 이 서신을 통해 여러분을 향한 제 마음만 전합니다.

내일 이사회가 끝난 후에는 이런저런 고민 없이 환자 보는 일에만 집중할 수 있었으면 좋겠습니다. 그날을 기원하며 서신 마치겠습니다. 여러분을 응원합니다.

2023년 6월 19일
서울백병원 교수협의회장
조영규

대자보 2

　서울백병원 폐원 안을 법인 이사회에 상정하기로 결정한 5월 31일 서울백병원 경영정상화 TFT 회의 이후 우리의 시간은 다르게 흘러갔다. 평소와 다른 일을 하며 지냈다. 서울백병원 폐원을 저지하고자 하는 우리의 의지를 알리기 위해 난생처음으로 성명서를 작성하여 대자보로 붙였고, 기자들을 초청해서 기자간담회를 열었으며, TV 뉴스 프로그램에도 출연했다. 지역 국회의원을 비롯한 여러 지역 유력인사들을 만나 도움을 부탁했다.

　이사회가 열린 6월 20일 당일만 해도, 오전에는 국회 소통관에서 기자회견을 했고, 오후에는 연합뉴스TV에 출연해 폐원 결정의 부당함을 알렸다. 앵커가 이사회에서 어떤 결정이 나올 것으로 전망하는지 물었을 때 나는 예측하기는 어렵지만, 그래도 폐원을 유보하는 결정을 내릴 것으로 기대하고 있다고 답했다. 결과적으로는 완전히 잘못된 예측이었지만, 나는 정말로 폐원을 유보할 가능성이 더 크다고 믿고 있었다. 내가 그렇게 믿은 것은 당일 오전에 서울시에서 서울백병원 부지를 의료시설 용도로 한정하는 방안을 추진하겠다고 밝힌 데에서도 기인했다. 이사회가 서울시 의견은 무시하지 못할 것으로 생각했다. 내가 이렇게 순진하다.

　이사회 폐원 의결 이후 많은 기자가 전화해서 이사회 결정에 대한 교수협의회의 입장과 앞으로의 대응에 관해 물었다. 질문에 아무런 답도 하지 못했다. 다른 교수들과 상의해서 입장을 정리해 발표하겠다고 하루만 기다려 달라고 양해를 구했다.

〈2023.10.5.〉

학교법인 인제학원 이사회 '서울백병원 폐원' 의결에 대한 서울백병원 교수협의회 입장

6월 20일에 학교법인 인제학원 이사회는 서울백병원 폐원을 결정하였다. 폐원 결정 후 법인은 서울백병원 교수들에게 그 어떤 설명도 하지 않았고, 어느 기자가 보내준 보도자료를 보고서야 폐원 결정을 인지할 수 있었다. 서울백병원 교수들은 이사회의 일방적인 폐원 결정을 인정할 수 없으며, 서울백병원의 발전과 성장을 위해 헌신해 온 교수들을 대하는 법인의 태도에 분노를 참을 수 없다.

서울백병원 교수들은 지금의 법인에 서울백병원 폐원을 결정할 자격이 있는지부터 의문을 제기한다. 그들은 만성 적자를 이유로 폐원하겠다고 하고 있지만, 중요한 시기마다 잘못된 결정을 하여 서울백병원의 적자를 악화시킨 것은 오히려 그들이었다. 필수 진료과 의료진을 타 병원으로 빼돌리고, 전공의 수련 포기를 강요하고, 응급의료센터를 축소시키는 등 서울백병원의 수익을 악화시킬 결정만 일삼았다. 결정권을 가지고 전횡을 일삼던 자들이 인제 와서 평가자가 되어 칼날을 내리치는 모습은 우습기까지 하다.

법인에서는 폐원의 근거를 마련하기 위해 외부 컨설팅 업체에 3억 원을 지불하고 서울백병원의 수익성이 낮아 의료 관련 사업 추진이 어렵다는 답을 받았다. 그들이 법인의 경영 안정을 걱정했다면 그들은 오히려 서울백병원 폐원 후 서울백병원의 의료인력을 형제 백병원으로 전환 배치했을 때 각 형제병원의 경영에 미치는 부정적 영향과 이를 최소화하기 위해 서울백병원을 어떤 방식으로 운영해야 하는지에 대해 컨설팅을 받았어야 했다. 지금도 경영이 어려운 상계백병원과 일산백병원은 어쩌란 말인가? 교직원들을 생활권이 다른 부산 지역 병원으로 보내 가족들과 생이별하게 만들려 하는가?

서울백병원 교수들 뿐 아니라 중구 보건소, 중구 의회, 서울시, 국회에서 서울백병원 폐원 후 도심 의료공백을 우려해 폐원을 철회하고 의료기관으로서의 책무를 다할 것을 요청했다. 평생토록 우리 병원을 믿고 찾아와 자신의 몸을 맡긴 환자들은 폐원 뉴스를 듣고 불안에 떨다 아침 일찍 찾아와 이대로 폐원하면 안 된다며 눈물을 흘렸다. 법인은 지자체의 간곡한 호소와 환자들의 눈물 섞인 통곡이 들리지 않는가? 그들을 이대로 버리고 떠나려 하는가?

이사회의 폐원 결정 후 이제 하루가 지났다. 지난밤 우리 교직원들은 누구 하나 편하게 잠들지 못하고 두 눈이 시뻘게진 채 출근했다. 그리고 폐원 의결 소식을 접한 환자들의 민원전화가 교직원들을 기다리고 있었다. 환자들에게 어떻게 안내할 것인가? 3개월 뒤에 환자를 예약해줘도 될 것인가? 누군가는 환자들에게 어떻게 안내해 드려야 할지 정리해줘야 하는데 아무도 말해주지 않았다. 구심점 역할을 해줘야 할 병원장은 어디 있는지 보이지 않았고, 아무런 지침도 내려주지 않았다. 서울백병원 유지 결정이 이뤄지도록 최선을 다해 노력하겠다던 그는 폐원이 결정된 이후에도 나타나지 않고 있다. 교직원들은 터져 나오는 눈물을 꾹꾹 참으며 오늘 하루를 일했다.

이에 서울백병원 교수협의회는 6월 21일(수)에 회의를 열어 다음 4가지 사항을 의결하였다.

1. 서울백병원 교수협의회와 인제의대 교수노조가 힘을 합쳐서 교수 비상대책위원회를 발족하고, 전임 병원장과 부원장을 위원장과 자문위원으로 추대하여 투쟁의 깃대를 세운다.

2. 폐원 행정처분 가처분 신청 등 서울백병원 폐원을 막기 위해 우리가 할 수 있는 법적 조치를 강구한다.

3. '서울백병원 폐원 철회'라는 공통된 목표를 위해 일반직원노조와 적극 협력하여 함께 투쟁하며, 일반직원노조에서 제안한 서울백병원 경영정상화를 위한 재단, 병원, 교수, 노동조합이 망라된 민주적인 논의 테이블 구성에도 뜻을 합한다.

4. 서울백병원 폐원으로 인해 단 한 명의 환자라도 피해를 보지 않도록 마지막 순간까지 환자 곁을 지킨다.

2023년 6월 21일
서울백병원 교수협의회

Q&A

법인은 7월 7일에 병원에 공문을 보내 8월 31일까지 진료를 종료할 것을 통보했다. 세 번째 협의체 모임 다음 날이었다. 하루 전 회의 시에도 아무런 언급이 없다가 기습적으로 진료 종료를 통보한 것이다. 이번에도 교수들에게는 법인도, 병원장도 모두 입을 닫았다. 어느 기자를 통해 법인 홍보실에서 배포한 진료 종료 보도자료를 전해 받았다. 전달받은 보도자료를 읽고 또 읽었다. 보도자료 내용을 정리한 후 기자들이 물어볼 만한 질문과 이에 대한 답을 Q&A 형식으로 정리했다. 사실 그때 나는 제정신이 아니었다.

〈2023.10.6.〉

Q&A

Q1. 법인에서 8월 31일까지 진료를 종료할 것을 통보했는데 현재 심정은 어떻습니까? 그동안 협의체 모임도 진행한 것으로 알고 있는데, 협의체 모임에서 진료 종료 이야기가 나왔었나요?

6월 20일 법인 이사회 폐원 의결 이후 6월 29일(1차), 7월 3일(2차), 7월 6일(3차) 세 차례의 법인, 병원 운영진, 교수협의회, 일반노조가 참여하는 협의체 모임을 가졌습니다.

첫 번째 모임에는 구호석 원장도 불참하고, 법인에서도 실무급 팀장들만이 참석하여 성의 있는 모습을 보이지 않아 서로 지난 이야기만 하다 끝났습니다.

두 번째 모임에는 처음으로 구호석 원장이 참여하고, 법인에서도 국장급 인사가 참석했습니다. 구호석 병원장이 그동안 구성원들에게 말은 안 했지만, 병원 폐원을 막기 위해 본인이 했던 일들을 설명하고, 그동안 원장 역할을 수행하며 있었던 일들에 대해 거의 20~30분을 말했습니다. 회의 시간이 촉박했지만, 본인도 힘든 것이 있었을 것으로 생각하여 속마음을 충분히 털어놓도록 말을 끊지 않았습니다. 두 번째 회의에서도 협의체 모임에서 앞으로 무슨 내용을 다룰 것인지에 대해 논의하다가 회의가 끝났습니다. 이 회의에서 김대선 팀장이 처음으로 '진료 종료'에 대한 말을 꺼냈고, 환자와 교직원들에 대한 피해 최소화 방안에 대해 전혀 논의도 하기 전에 진료 종료라는 말을 꺼낸 것에 대해 항의했고, 사과할 것을 요청했으나, 끝까지 사과는 하지 않았습니다.

세 번째 모임에서는 주로 검진센터 활성화, 준중증 응급센터 강화 등 병원 회생 방안에 대해서 논의했고, 논의됐던 내용을 법인 이사들에게 전달해서 상의해 줄 것을 부탁했고, 채성문 국장이 회의 내용은 당연히 위로 보고된다고 전달할 것을 약속했습니다. 법인에서 언제까지 병원 회생 방안만 논의할 수는 없고, 폐원될 경우 발생 가능한 피해를 최소화할 방안에 대해서도 논의해 줄 것을 요청해서 네 번째 모임부터는 회의 시간을 분배해 병원 회생 방안과 피해 최소화 방안을 회의에서 함께 논의하기로 약속하고 헤어졌습니다.

그런데, 세 번째 모임 다음 날, 법인에서는 병원에 공문을 보내 8월 31일까지 진료 종료할 것을 통보했습니다. 교수들에게는 이번에도 법인도, 병원장도 입을 닫았습니다. 어느 기자가 보내준 보도자료에는 내부 논의를 거쳐 진료 종료를 결정했다는 말만 찍혀 있었습니다. 기가 막힐 따름입니다.

Q2. 8월 31일까지는 이제 약 6주 정도 남았는데, 6주 안에 진료를 정리하는 것이 가능하다고 보십니까? 이렇게 짧은 기간에 진료를 종료했을 때 어떤 문제가 발생할 것으로 예상하십니까?

저는 불가능하다고 생각합니다. 병원을 활성화할 때도 리더십이 필요하지만, 병원 문을 닫을 때도 리더십이 필요합니다. 순서대로 진행해야 합니다. 예컨대, 타임테이블을 정해 신환을 받지 않을 시기, 수술/시술을 받지 않을 시기, 입원을 종료할 시기, 재진을 잡지 않고 의뢰서를 작성해 줄 시기 등을 단계별로 진행해야 하고, 상황에 따라 발생 가능한 민원들을 어떻게 처리할 것인지 매뉴얼이 작성되어 있어야 합니다. 지금처럼 이렇게 아무런 대책 없이 한 순간에 병원 전체 진료 종료를 선언하면 큰 혼란이 발생할 수 있습니다.

종합병원은 기본적으로 3개월 단위로 진료가 이뤄집니다. 이제 남은 시간은 6주입니다. 3개월 동안 예약되어 있는 환자들을 6주 동안 모두 불러서 마지막 진료를 하고 진료의뢰서를 비롯한 서류를 발급해야 합니다. 모든 환자에게 진료의뢰서를 쓰려고 하면 평소보다 진료 시간이 곱절로 듭니다. 알아서 아무 병원에나 가라고 할 수 있습니까? 어느 병원, 어느 의사에게 가서 진료를 이어가야 할지에 대해서도 알아봐 줘야 하고, 그들의 한 맺힌 원성도 들어줘야 합니다. 예약도 안 되어 있는 환자를 모두 불러 6주 안에 마지막 진료를 하고 진료의뢰서를 작성해 주는 것은 불가능합니다. 진료 종료가 보도되었기 때문에 오늘부터 환자들의 민원전화가 물밀듯 들어올 텐데 이를 어떻게 감당할지 걱정입니다. 환자 입장에서 생각했다면 기본적인 진료 단위인 최소 3개월의 시간적인 여유를 줬을 것으로 생각합니다.

그리고 진료에는 연속성이 중요합니다. 환자들은 새로운 병원, 새로운 의사와 새롭게 관계를 맺는다는 것이 부담스럽습니다. 암환자 입장에서 생각해 봅시다. 암 수술을 받고 10년 이상 관계를 맺고 치료를 받던 의사를 떠나 새로운 병원, 새로운 의사에게 가는 것이 그들에게 쉽겠습니까? 많은 환자가 새로운 의사에게 가기보다는 담당교수가 병원을 옮기면 거리가 있더라도 그 병원으로 따라가기를 원합니다. 그런데 아직 교수들이 옮겨갈 병원은 정해지지 않았습니다. 담당교수를 따라가기를 원하는 환자들에게 교수를 따라갈 기회는 제공해줘야 합니다.

환자들이 무슨 불편함을 겪든 말든 그냥 자기들이 만들어 놓은 일정대로 병원 문을 닫는 것은 의료기관의 경영자가 할 짓이 아닙니다. 그들에게는 의료기관의 경영자로서 자격이 없습니다.

Q3. 법인에서는 인턴들은 형제 백병원 또는 타 병원으로 이동 수련을 적극 지원하고, 사업체 검진, 임상 연구 등은 형제 백병원으로 이관, 사업장 및 지자체와의 협의 등을 통해 피해를 최소화하겠다는 방안을 밝혔는데, 이 정도 방안이면 문제가 정리될 것이라고 보십니까?

백대욱 상임이사를 비롯한 법인의 주요 결정권자들이 병원에 대해 아는 것이 거의 없기 때문에 하는 말입니다. 병원이 어떻게 돌아가는지 조금이라도 이해하고 있다면 이런 식으로 말하지 못했을 것입니다. 인턴 수련 문제부터 하나씩 설명드리겠습니다.

이번 폐원 사태로 인해 인턴들은 이미 그들의 경력에 생채기가 났습니다. 인턴들이 원하는 것이 무엇이겠습니까? 무사히 인턴 과정을 수료하고, 좋은 인턴 성적을 받아 자기들이 하고 싶은 과에 지원하여 합격하는 것 아닙니까? 그들이 지금 이동 수련을 가게 되면 그 병원에서 좋은 성적을 받을 수 있겠습니까? 직접 수련시키지 않은 인턴들에게 좋은 성적을 주겠습니까? 그들의 인턴 성적과 원하는 레지던트 과정 지원과 합격을 위해 법인에서 무엇을 해줄 것인지에 대해 제시한 것이 아무것도 없습니다.

그리고 임상 연구는 기본적으로 개별 병원과 계약합니다. 다른 병원으로 이관 자체가 불가능합니다. 예컨대 사전-사후 비교를 한다고 생각해 봅시다. 사전에는 서울백병원 기계로 검사했는데, 사후에는 상계백병원 기계로 검사를 하면 이게 비교가 된다고 생각하십니까? 지금 임상 연구에 등록되어 진행되고 있는 연구대상자들은 모두 탈락 처리되는 것입니다. 제품 개발을 하는 업체에 엄청난 타격이 되는 것입니다. 형제 백병원으로 이관하겠다는 것은 임상 연구가 어떻게 진행되는지 전혀 모르는 사람이 써놓은 허울 좋은 말에 불과합니다.

사업체 검진을 형제 백병원으로 이관해서 시행한다는데 법인 직원들이 사업체 보건관리자들에게 직접 연락해서 일산백병원이나 상계백병원에서 검진해 주겠다고 직접 연락하면 좋겠습니다. 사업체가 중구에 있는데, 중구에 있는 사람들에게 일산에 가서 검진하라고 하면 '네, 그렇게 하겠습니다.' 하고 얌전히 가겠습니까?

법인이 협의하겠다는 중구청도, 중구의회도, 서울시도 모두 폐원하지 말라고 하고 있습니다. 지자체의 이야기는 귓등으로도 안 들으면서 무슨 협의를 하겠다는 건지 모르겠습니다.

Q4. 법인에서는 지난 20년간의 누적적자도 문제지만, 최근 적자 규모가 더욱 늘고 있어 그 어떤 의료사업도 할 수 없다고 밝혔는데, 이에 대해서는 어떻게 생각하십니까?

법인에서는 그동안 지난 20년간의 엄청난 누적적자 때문에 폐원을 할 수밖에 없다고 하다가 이번 진료 종료 통보 시에는 최근 적자 규모가 더 늘어나는 것이 더 큰 문제라고 하고 있습니다. 이것이 허구라는 것을 설명드리겠습니다.

법인에서 발표한 보도자료를 참고하여 2010년 이후 병원장별 임기 동안의 연평균 의료적자 규모를 계산해 보았습니다. 최석구 원장 약 118억 원, 염호기 원장 약 54억 원, 홍성우 원장 약 79억 원, 오상훈 원장 약 78억 원, 현재 구호석 원장 약 139억 원입니다. 이 다섯 분의 원장 중에서 연임에 성공한 분은 단 두 명입니다. 누구인지 아십니까? 최석구 원장과 구호석 원장입니다. 그들의 공통점은 의료적자 규모가 100억 원 이상이라는 것입니다. 나머지 세 분은 상대적으로 적자 규모가 작았음에도 불구하고 연임에 실패했습니다. 서울백병원의 가장 큰 문제가 의료적자 규모였다고 하면, 적자 규모를 키운 원장들에게 병원 경영 실패의 책임을 물어 경질했어야 할 것입니다. 그러나 법인에서는 그들에게 책임을 묻지 않았습니다. 오히려 법인에서 직무를 유기했습니다.

세 번째 협의체 모임에서 구호석 원장과 법인 관계자들이 모인 자리에서 이에 대해 직접 물어보았습니다. 구호석 원장은 코로나19 손실보상금을 포함시키면 적자 규모가 연 80억 원 수준으로 전 원장들과 크게 차이가 나는 건 아니라고 답했습니다. 저는 이런 양해를 서울백병원 폐원을 결정할 때는 왜 적용해주지 않는 거냐고 되물었습니다. 구호석 원장을 공격하기 위해 물은 것이 아니었습니다. 최근 증가한 의료적자 규모는 코로나19 때문이었습니다. 코로나19 손실보상금을 감안하면 적자 폭이 크게 늘어난 것도 아니었습니다. 그런데 왜 법인에서는 최근 들어 적자 규모가 늘어나서 폐원을 결정하게 되었다고 하는 건지 모르겠습니다. 정말 이것이 문제였다면 이전에 구호석 원장에게 그 책임을 물어 경질했어야 했습니다. 법인의 설명은 전혀 앞뒤가 맞지 않습니다.

그리고 법인에서는 병원에서 경증환자 위주의 진료가 이뤄지고 있기 때문에 대학병원으로서의 역할을 제대로 수행하지 못하고 있다고 밝혔는데, 이렇게 경증환자 위주로 병원을 재편하겠다고 병원 경영 전략을 짠 사람이 현재의 이병두 의료원장과 구호석 원장입니다. 그들에게는 책임을 묻지 않으면서 왜 그들이 정해준 틀 안에서 최선을 다해 일한 교직원들에게만 불이익을 주는 건지 정말 이해할 수 없습니다.

Q5. 법인에서는 서울백병원 구성원 전원을 형제 백병원으로 고용승계를 하겠다고 지속적으로 밝히고 있습니다. 그러면 서울백병원 구성원들에게 피해가 가는 것은 없지 않습니까?

이번에 진료 종료를 통보하면서 배포된 보도자료에 추가된 문구가 하나 있습니다. 형제 백병원의 경영 상황을 감안해 전보 조처가 이루어질 것이라는 말입니다. 이 말은 최근 경영 상태가 안 좋아진 수도권 소재 병원들에는 못 보내고, 그나마 경영 상태가 나은 부산 지역의 병원으로 전보 조처하겠다는 뜻입니다. 교직원의 생활이나 여건을 고려하겠다는 말은 인사치레로도 안 써놨습니다. 결국 들려왔던 소문처럼 서울백병원 구성원 전부를 부산 지역 병원으로 전출시키겠다는 말입니다. 생활권이 달라 받아들일 수 없는 직원들은 알아서 사직하라는 뜻입니다. 정말 이렇게 하는 것은 서울백병원에서 평생을 바쳐 일해온 교직원들에게 죄짓는 것입니다.

Q6. 법인에서는 서울백병원 폐원 이후 창출되는 재원은 전부 형제 백병원으로 재투자할 예정이며, 이를 통해 4개 백병원을 국민의 건강을 지키는 데 앞장서는 병원으로 발돋움시킬 계획이라고 밝혔는데, 서울백병원 교직원 입장에서는 아쉬움이 남겠지만, 법인 전체의 발전을 위해 받아들여야 하는 것 아닙니까?

이순형 이사장은 6월 20일 폐원 결정 후 보낸 서신에서 수도권 백병원은 전문센터 위주로 재편하고, 부산 지역 백병원은 부울경 최고의 병원으로 만들겠다고 했습니다. 수도권 백병원을 전문센터로 만들겠다는 말은 바로 다운사이징하겠다는 뜻입니다. 서울백병원도 처음에 서울 중심에서 성공할 수 있는 전문센터로 만들겠다는 말로부터 다운사이징이 시작되었습니다. 전문센터에 해당하지 않은 진료과들은 웬만하면 내보내겠다는 말입니다. 서울 중심에서 시작한 우리 백병원을 부산 지역만의 지역 브랜드로 전락시키겠다는 말입니다. 현재의 법인에는 의료기관을 경영할 능력이 전혀 없습니다. 오로지 사기업에서처럼 수지타산에 맞춰서 인력 감축과 구조조정만을 반복할 뿐입니다. 백병원에서 20년 가까이 일해온 사람으로서 참담한 심경을 감출 수 없습니다. 백인제 박사님께서 정말 통곡할 일입니다.

Q7. 마지막으로 기습적으로 진료 종료를 통보한 법인에 하고 싶은 말이 있습니까?

법인은 폐원으로 인한 교직원과 환자와 지역민의 피해를 최소화할 그 어떤 방안도 세워놓지 않고, 막무가내로 진료 종료를 통보했습니다. 서울백병원 교수들은 법인의 일방적인 진료 종료 통보를 받아들일 수 없습니다. 일반 직원들과 힘을 합하여 폐원 및 진료 종료 철회를 위해 마지막 순간까지 우리가 할 수 있는 모든 노력을 다하겠습니다.

  이제는 다 물 건너갔지만, 협의체 모임이 진행되었다면 다음 모임에서 법인에 요청하려고 했던 피해 최소화 방안이 있었습니다. 이제는 더 이상 협의체 모임을 진행하기는 어렵지만, 서면상으로라도 법인에 아래 일곱 가지 사항을 이행해 줄 것을 요청합니다.

1) 아무런 대책 없이 서울백병원 폐원을 결정한 이순형 이사장과 백대욱 상임이사 사과
2) 서울백병원 경영 실패에 대한 책임을 물어 이병두 의료원장과 구호석 원장 문책
3) 인턴: 이동 수련 없이 수련을 완료할 수 있도록 수련 기간 보장
4) 전임 교원 및 정규직 직원: 전원 수도권 지역 형제 백병원 고용승계
5) 비전임 교원 및 계약직 직원: 고용계약 기간 미보장 시 적절한 보상안 제시
6) 임상 연구 의뢰업체 및 연구자: 연구 계약기간 미보장 시 적절한 보상안 제시
7) 법인, 병원, 교직원 폐원 합의 시 최소 3개월 이상 진료 보장

대자보 3

　진료 종료를 하루 앞둔 8월 30일 저녁, 나는 또다시 노트북 앞에 앉았다. 다음 날 아침에 포털 사이트에서 서울백병원을 검색하면 법인에서 낸 진료 종료 기사로 도배가 되어 있을 것 같았다. 지난 20년 동안 누적된 적자가 심해 폐원을 결정할 수밖에 없었다는 천편일률적인 기사들! 병원을 떠나는 날 이런 기사들을 보며 상처받을 직원들이 안타까웠다. 제발 서울백병원 교직원의 입장을 반영한 기사들도 함께 나오기를 기대하며 진료 종료에 대한 서울백병원 교직원의 생각을 정리하여 기자들에게 메일을 보냈다.

〈2023.10.7.〉

불법과 부정으로 점철된 진료 종료/폐원 결정은 무효

　2023년 8월 31일, 일제강점기 선각자였던 백인제 박사가 세운 83년 역사의 서울백병원 진료가 강제 종료된다. 서울백병원 진료 종료 과정을 지켜본 교직원들의 심정은 참담함 그 자체이다. 그러나 서울백병원 진료 종료와 폐원을 결정하고 진행하는 과정은 사립학교법과 법인 정관에 규정된 절차조차 제대로 지키지 않은 불법과 부정의 연속이었다. 그렇기에 서울백병원 교직원들은 여전히 서울백병원 폐원을 인정할 수 없으며, 폐원 결정과 진행 과정에서 발생한 불법과 부정에 관련된 자들을 모두 처벌하기를 요구한다.

　6월 20일 이사회 폐원 의결은 교육용 기본재산 처분 등에 관한 사립학교법 제28조를 위반한 것이다. 서울백병원은 법인의 기본재산이며 서울백병원을 폐원하는 것은 그 재산의 용도를 변경하거나 권리를 포기하는 경우에 해당하므로 관할청인 교육부의 허가를 받아야 하나 받지 않았다. 이에 더하여 서울백병원은 의료 요원을 양성하는 기능을 하는 교육기관이며, 서울백병원의 폐원은 인제대학교의 교육에 관해 중요한 영향을 미치게 되므로 사립학교법 제26조 2와 법인 정관 제13조에 의해 설치한 대학평위원회의 심의를 통해 교직원 및 학생들의 의견을 듣는 절차를 거쳐야 하나, 이러한 과정을 거치지 않고서 일방적으로 폐원을 결정하고 통보하였다. 이사회 폐원 의결은 사립학교법과 법인 정관에 규정된 절차조차 제대로 지키지 않았기 때문에 이사회 폐원 의결은 무효이며 그 효력은 정지되어야 한다.

폐원 의결 이후 법인은 온갖 만행을 일삼았다. 지난 7월 7일에는 서울백병원 교직원들과는 아무런 상의 없이 8월 31일까지 6주 안에 진료를 종료하라고 통보했다. 진료종료일을 하루 앞둔 오늘까지도 마지막 진료를 받지 못해 진료의뢰서를 받지 못한 환자가 수천 명에 이른다. 법인 위임 전결 규정과 6월 20일 법인 이사회 회의록을 보면 서울백병원 폐원에 관한 업무는 이사장이 직접 결재하도록 하고 있으나, 상임이사가 전결로 처리하여 진료 종료를 결정하는 과정에서도 위법이 자행됐다. 환자의 불이익과 불편함을 외면한 채 위법으로 진료 종료를 통보한 상임이사는 서울백병원 교직원들과 환자들 앞에 자신의 잘못을 사과하고 사퇴하길 요구한다.

법인은 자신들이 통보한 진료종료일을 이틀 앞둔 8월 29일 자로 전보 발령 동의서에 서명하지 않은 직원들까지 강제 전보 발령을 냈다. 원하지 않는 발령지를 받아 든 직원들은 너무나 큰 충격을 받았다. 법인에서는 수도권 병원 전보자는 9월 1일 8시 30분까지, 부산 지역 병원 전보자는 9월 4일 8시 30분까지 각 병원에 소집하도록 압박하고 있으며, 소집에 응하지 않을 시에는 인사상 불이익을 주겠다고 협박하고 있다. 법인에서 제안한 근무 지역과 근무 여건을 받아들일 수 없는 많은 직원이 실제 사직서를 제출했다. 서울백병원 교직원들은 직원들의 동의 없이 무리하게 강제 전보 절차를 진행하여 직원들을 궁지로 몰아넣은 법인의 만행을 규탄하며, 8월 29일 자 강제 전보 발령을 취소할 것을 요구한다.

2023년 8월 31일, 서울백병원 교직원들은 불법과 부정으로 점철된 법인의 강제적인 서울백병원 진료 중단 및 강제 폐원 시도를 바로잡기 위해 앞으로도 최선의 노력을 기울일 것임을 백인제 박사님과 백낙환 박사님 앞에서 다시 한번 다짐하며, 마지막으로 그동안 저희에게 많은 관심과 도움을 보내주신 지자체, 사법부, 교육부, 언론계를 비롯한 각계각층의 많은 분께 감사의 인사를 전한다.

"저희 아직 포기하지 않았습니다!"

2023년 8월 31일
서울백병원 교직원 일동

나가는 글

끝난 후에도 끝난 게 아니다

2023년 5월 18일	서울백병원 교수협의회장(조영규 교수) 선출
2023년 5월 31일	서울백병원 경영정상화 TFT, 서울백병원 폐원 안 법인 이사회 상정 의결
2023년 6월 2일	서울백병원장, 전 교직원에게 보내는 메일 통해 TFT 회의 결과 통보
2023년 6월 5일	서울백병원 폐원 관련 언론 보도 시작
2023년 6월 7일	교수협의회, 긴급회의 소집, 성명서 발표
2023년 6월 12일	교수협의회, 기자간담회 개최
2023년 6월 15일	교수협의회장, YTN 뉴스라이더 출연
2023년 6월 19일	직원노조, 기자회견 개최 교수협의회, 박성준 국회의원 면담, 서울시 중구의회 방문
2023년 6월 20일	법인 이사회, 서울백병원 폐원 만장일치로 의결 서울시, 서울백병원 도시계획시설(종합의료시설) 지정 추진 발표 교수협의회, 지상욱 전 국회의원과 함께 국회 소통관에서 기자회견, 교수협의회장, 연합뉴스TV 뉴스현장 출연
2023년 6월 21일	교수협의회, 긴급회의 소집, 폐원 의결에 대한 입장문 발표
2023년 6월 22일	김길성 서울시 중구청장, 취임 1주년 기자간담회에서 서울백병원 도시계획시설(종합의료시설) 지정 추진 발표
2023년 6월 29일	서울백병원 협의체 1차 모임
2023년 6월 30일	서울백병원 부원장 사퇴
2023년 7월 3일	서울백병원 협의체 2차 모임, 오세훈 서울시장, 취임 1주년 기자간담회에서 서울백병원

	도시계획시설(종합의료시설) 지정 추진 의지 재천명 교수협의회장, 백진경 교수와 함께 강철원 서울시 정무부시장 면담, 서울시 중구의회, '서울백병원 폐원에 따른 의료공백 대책 촉구' 성명서 발표
2023년 7월 4일	서울시 중구, 서울백병원도시계획시설(종합의료시설) 결정 입안 추진계획 발표
2023년 7월 6일	서울백병원 협의체 3차 모임
2023년 7월 7일	법인, 8월 31일 진료 종료 통보
2023년 7월 10일	직원노조, 촛불집회 개최
2023년 7월 11일	법인, 전 직원 부산 지역 병원 전보 발령 안 제시 서울백병원장, 전 교직원에게 보내는 메일 통해 진료 종료 선언
2023년 7월 20일 ~ 8월 8일	일반직원 전보 관련 기초조사
2023년 7월 24일	가처분 신청 변호사 계약
2023년 7월 25일	병원, '인턴 수련병원 지정 반납' 신청, 병원 기획실, 전 교직원에게 진료 종료 일정 안내 문자 발송
2023년 7월 31일	법인, 일부 직원 수도권 병원 전보 발령 수정안 제시
2023년 8월 2일	교수협의회, 서울시 중구 보건소 방문
2023년 8월 2~10일	일반직원 1차 개별 면담
2023년 8월 4일	가처분 신청서 법원 제출, 백인제 가옥 걷기 대회 개최
2023년 8월 11일	법인, 일반직원 퇴직 위로금 지급안 제시
2023년 8월 14일	승소 기원 커피차 행사 개최
2023년 8월 16일	가처분 소송 심문 기일
2023년 8월 17일	대한병원협회, '인턴 수련병원 지정 반납' 승인
2023년 8월 17~21일	일반직원 2차 개별 면담
2023년 8월 18일	백진경 교수, 인제대학교 총장 경선 선거인단 투표 1위
2023년 8월 22일	법인 이사회, 인제대학교 차기 총장으로 전민현 교수 선출
2023년 8월 23일	전임 교원 대상 1차 간담회
2023년 8월 24일	일산백병원 신입 간호사 모집 공고

2023년 8월 25일	전임 교원 대상 2차 간담회 강행
2023년 8월 28일	인제대학교 교수 4개 단체, 교육부에 법인 감사 요청
2023년 8월 29일	일반직원 전원 전보 발령 공지
2023년 8월 29일 ~ 9월 1일	전임 교원 1차 개별 면담 강행
2023년 8월 30일	교수협의회, 서울백병원 진료 강제 종료에 대한 입장문 발표
2023년 8월 31일	서울백병원 진료 강제 종료, 전 교직원 기념사진 촬영
2023년 9월 1일	수도권 병원 일반직원 전보자 소집일
2023년 9월 4일	부산 지역 병원 일반직원 전보자 소집일
2023년 9월 5일	교수협의회, 윤영희 서울시의원 면담
2023년 9월 5~6일	전임 교원 2차 개별 면담 강행
2023년 9월 12일	법원 추가 자료 제출 기간 종료
2023년 9월 14일	교수협의회, 도종환 국회의원실 방문
2023년 9월 15일	교수협의회, 최재형 국회의원실 방문, 범시민사회단체연합 방문
2023년 9월 21일	전임 교원 전보 발령 공지
2023년 9월 25일	장여구 교수, 서울백병원 폐원으로 인한 의료공백과 서울 도심 살리기 대책 마련을 위한 토론회 발제자로 참여(주최: 박성준 의원/최재형 의원)
2023년 9월 26일	국회 교육위원회, 이순형 이사장 국정감사 증인 채택
2023년 9월 27일	전임 교원 서울백병원 마지막 출근일

서울백병원 폐원 안을 법인 이사회에 상정하기로 결정한 2023년 5월 31일 서울백병원 경영정상화 TFT 회의 이후 넉 달의 시간이 흘렀다. 하루하루 힘든 시간이었는데, 지나고 보니 순식간이었다. 그 짧은 사이에 83년 역사의 오래된 대학병원 하나가 진료 종료되었다. 그곳에서 치료받던 환자들은 다른 병원을 알아봐야 했고, 그곳에서 교육받던 의대생들은 실습할 병원 하나를 잃었으며, 그곳에서 일하던 교직원들은 뿔뿔이 흩어졌다. 법인 이사회 8인

의 단 한 번의 의결로 이 모든 일이 일어났다. 대학병원은 환자들의 치료 공간이자, 의대생들의 교육 공간이자, 교직원들의 일터다. 서울백병원 폐원은 그곳에서 치료받던 환자들과 그곳에서 교육받던 의대생들과 그곳에서 일하던 교직원들의 건강과 학업과 생계에 중대한 영향을 미치기 때문에 이들의 의견을 듣는 과정이 반드시 있어야 했지만, 법인은 이러한 절차 없이 일방적으로 폐원을 결정하고 진행했다. 이 과정에서 이들이 받은 피해와 고통은 이루 말할 수 없다. 나 또한 다른 교직원들과 마찬가지로 불현듯 시작된 불안과 염려와 분노와 슬픔과 억울함에 몸서리치며 하루하루를 지내야 했다.

나는 법인과 시시비비를 가리기 위해 이 책을 쓴 것이 아니다. 법인의 결정은 무조건 잘못됐고, 서울백병원 교직원들은 일방적인 피해자라고 주장하려는 것도 아니다. 나는 서울백병원 폐원이 결정되고 진행되는 과정에서 이곳에서 실제 일어났던 일들을 기록으로 남기고 싶었을 뿐이다. 그러나 일개 평교수가 법인에서 무슨 이유로 서울백병원 폐원을 결정했고, 이전에 어떤 논의가 있었는지는 정확히 알 수 없다. 그 누구도 그런 사실을 교수들에게 알려주지 않았다. 다만 추측할 뿐이다. 이와 마찬가지로 교수인 나보다 더 취약한 처지에 있는 일반직원들이 겪었을 고통과 울분을 내가 모두 안다고 하기는 어렵다. 다만 짐작할 뿐이다. 결국 나는 서울백병원 폐원이 진행되는 과정에서 내가 직접 듣고, 보고, 경험하고, 느끼고, 생각한 바를 쓸 수밖에 없었다. 그러니까 이 책은 나의 일기다.

법인에서는 서울백병원 진료를 강제로 중단시키고, 모든 교직원을 다른 병원으로 전보시킴으로써 모든 싸움이 끝났다고 생각하는 것 같다. 이는 서울백병원 폐원 실무를 담당했던 법인 직원들을 9월 21일에 승진 발령한 것만 봐도 알 수 있다. 이날은 전임 교원 전보 발령을 공지한 날이다. 나를 포함하여 생활권이 다른 지역으로 전보 발령한 교수들을 조롱하려고 일부러 공지 날짜를 맞췄나 하는 생각도 들었다. 하여튼 승진은 축하할 일이다. 법인은 교직원들이 제기한 가처분 소송 결과가 나오기도 전에 축포부터 터뜨렸다.

그러면 가처분 소송은 어떻게 됐을까? 가처분 소송은 우여곡절 끝에 1) 서울백병원 폐원 결의 효력정지 가처분과 2) 교직원 전보 발령 효력정지 가처분으로 나뉘었고, 10월 11일에 교직원 전보 발령 효력정지 가처분 심문이 진행될 예정이다. 심문 이후 또 몇 주의 시간이 지나야 결과가 나오게 되니 빨라야 10월 말에나 소송 결과를 받을 수 있을 것 같다. 법원의 시간에는 인내심이 필요한 듯하다. 또 하나, 지난 9월 26일에 국회 교육위원회에서 서울백병원 폐원 및 부지 매각 계획을 신문하기 위해 인제학원 이순형 이사장을 국정감사 증인으로 채택했다. 이순형 이사장은 10월 26일에 국정감사에 출석할 예정이다. 국정감사 결과에 따라 교육부에서 법인에 감사를 나올 수도 있다. 이와 함께 서울시에서도 서울백병원 도시계획시설(종합의료시설) 지정 강행 입장을 고수하고 있다. 사법부, 입법부, 행정부, 지자체가 모두 서울백병원 폐원 문제에 관심을 가지고 함께 들여다보고 있는 셈이다. 가처분 소송과 국정감사 결과는 아쉽게도 이 책에 담지 못했다. 언론 기사를 통해 확인할 것을 부탁드린다. 법인은 진료 강제 중단과 교직원 전보 발령으로 이미 끝난 싸움이라고 생각할지 모르지만, 싸움은 결코 아직 끝나지 않았다. 더 많은 사람이 이번 사태를 더욱 엄중하게 주시하고 있다.

흔히 끝날 때까지 끝난 게 아니라고들 하지만, 나는 이보다 더 나아가 끝난 후에도 끝난 게 아니라고 말하고 싶다. 혹여 우리가 가처분 소송에서 지고, 국정감사도 아무런 성과 없이 끝나 법인의 계획대로 서울백병원도 폐원되고, 서울백병원 교직원들도 원대 복귀되지 못하고 끝내 흩어진다고 해도 기억 전쟁이 남아 있다. 법인은 벌써 서울백병원의 기록을 지우기 시작했다. 이와 함께 백인제 박사와 백낙환 박사가 생전에 쌓은 업적도 함께 지워지고 있다. 다른 모든 기억이 사라지고, 서울백병원이 만성적인 경영난을 이기지 못하고 결국 문을 닫았다는 법인의 주장만이 남는다면 경제 논리만으로 병원 문을 닫는 제2의, 제3의 서울백병원이 또다시 나올 수 있다. 서울백병원 폐원과 같은 가슴 아픈 사건이 다시는 되풀이되어서는 안 된다. 그러기 위해서는 이곳에서 실제 일어난 일과 이에 따라 환자들과 의대생들과 교직원들이 받은 피해와 고통은 반드시 기억되어야 한다. 이 책이 법인과의 기억 전쟁에 작으나마 도움이 되길 기도한다.

이제 나는 10월부터 부산백병원으로 출근한다. 이제 본업으로 돌아가 이런저런 고민 없이 환자 보는 일에만 집중할 수 있으면 좋겠다. 가처분 소송 결과와 관계없이 이제는 환자 곁으로 돌아가고 싶다. 서울이든, 부산이든 관계없이 나를 필요로 하는 곳에서 다른 아무것도 신경 쓰지 않고 환자 진료에만 전념하고 싶다. 내 개인적인 욕심은 이것 하나뿐이다.

2023년 10월
조영규

폐원일기

서울백병원 마지막
교수협의회장의
폐원 저지 150일 분투기

지은이 | 조영규
만든이 | 최수경
만든날 | 2023년 11월 17일
만든곳 | 글마당 앤 아이디얼북스
　　　　　(출판등록 제2008-000048호)
ISBN | 979-11-978822-01-7(03300)

책값 17,000원

** 허락없이 부분 게재나 무단 인용은 저작권법의 저촉을 받을 수 있습니다.
** 잘못된 책은 바꾸어 드립니다.